Wien auf einen Blick

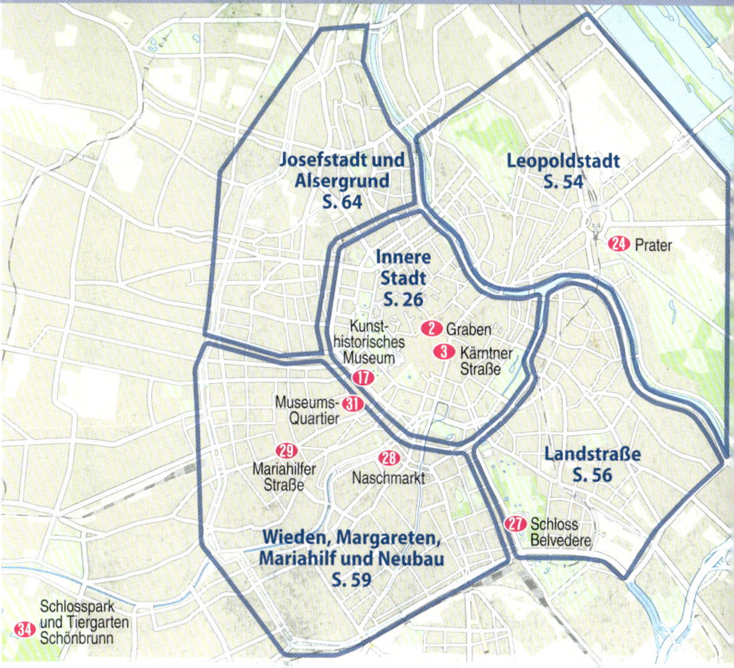

Inhalt

Daniel Krasa

CITY|TRIP WIEN

Nicht verpassen!

Karte S. 3

2 Graben [G6]

Nirgends lässt sich das Flair Wiens so gut „aufsaugen" wie bei einem Spaziergang durch das Herz der Innenstadt. Der Graben spiegelt mit seinen herrschaftlichen Gebäuden die Eleganz vergangener Epochen wider (s. S. 28).

3 Kärntner Straße [G6]

Ob zum Shoppen oder Flanieren, die Hauptgeschäftsstraße der Inneren Stadt – die Kärntner Straße – ist immer einen Besuch wert (s. S. 29).

17 Kunsthistorisches Museum [F7]

Als eines der bedeutendsten Kunstmuseen seiner Art beherbergt dieses wunderschöne, im Stil der italienischen Renaissance erbaute Gebäude die Kunstschätze der Habsburger (s. S. 47).

24 Prater [I5]

Wer genug vom Innenstadttrubel hat, kann auf den 6 km² dieses Parkareals sowohl Abwechslung im weltbekannten Vergnügungspark als auch besinnliche Ruhe inmitten der Praterauen finden (s. S. 54).

27 Schloss Belvedere [H8]

Das Schloss Belvedere ist ein Musterstück des Barock und liegt dazu zentrumsnah. Neben der äußerst eindrucksvollen Gemäldesammlung mit Werken österreichischer Künstler des Fin de Siècle und des Jugendstils ist auch der pompös angelegte Schlosspark mit Blick über die Stadt äußerst sehenswert (s. S. 58).

28 Naschmarkt [F7]

Der größte, beliebteste Markt Wiens ist ein quirliges Sammelsurium exotischer und heimischer Spezialitäten. Es ist eine Freude, dem Treiben der Verkäufer und Besucher zuzusehen (s. S. 60).

29 Mariahilfer Straße [E7]

Die längste Einkaufsstraße der Stadt lässt das Herz von Shoppingbegeisterten höherschlagen (s. S. 61).

31 MuseumsQuartier [F7]

Wenn barocke Hofstallungen durch moderne Anbauten zu einem der weltgrößten Museumskomplexe mit reichlich Freizeitangebot umgebaut werden, dann kommt solch ein faszinierendes Kulturareal dabei heraus (s. S. 62)!

34 Tiergarten Schönbrunn [A10]

Der älteste Zoo der Welt ist nicht altmodisch – im Gegenteil! Dieser wunderschön in den Park des Schlosses Schönbrunn integrierte Tiergarten ist ein idealer Ausflugsort für Familien (s. S. 66).

Leichte Orientierung mit dem cleveren Nummernsystem

Die Sehenswürdigkeiten sind im Text und im Kartenmaterial mit derselben **magentafarbenen ovalen Nummer 1** markiert. Alle anderen Lokalitäten wie Geschäfte, Restaurants usw. tragen ein **Symbol und eine fortlaufende rote Nummer (1)**. Die Liste aller Orte befindet sich auf Seite 150, die Zeichenerklärung auf Seite 153.

Zeichenerklärung

★★★ nicht verpassen
★★ besonders sehenswert
★ wichtig für speziell interessierte Besucher

[A1] Planquadrat im Kartenmaterial. Orte ohne diese Angabe liegen außerhalb unserer Karten. Ihre Lage kann aber wie von allen Ortsmarken mithilfe der begleitenden Web-App angezeigt werden (s. S. 156).

Vorwahlen

- für Österreich: 0043
- für Wien: 01

Es ist noch nicht so lange her, da galt Wien als finstere Endstation vor dem Eisernen Vorhang, in der sich nichts veränderte. Glücklicherweise sind diese Zeiten vorbei und die Donaumetropole zählt heute zu den innovativsten Städten Europas und mischt insbesondere in Sachen Architektur und Kunst wieder ganz vorne mit. Im Folgenden werden einige spannende Neuerungen vorgestellt:

Zeitgenössische Kunst

Im Belvedere 21 (s. S. 70) unweit des Oberen Belvedere widmet man sich österreichischer Kunst des 20. und 21. Jahrhunderts im internationalen Kontext. Garantiert unkonventionell und spannend zugleich!

Mobil und das fast kostenlos

Bei guten Witterungsverhältnissen ist man in Wien am besten mit dem Citybike unterwegs. An über 120 Stationen stehen diese Mieträder zur Verfügung. Die Nutzung der ersten Stunde ist sogar kostenlos (s. S. 125).

Blick über den Touri-Tellerrand

Shades-Tours (s. S. 128) bietet Touren zum Thema Obdachlosigkeit in Wien an, die von Obdachlosen selbst geleitet werden.

Gemischt genießen

Typisch für Wien ist der Gemischte Satz, ein sich aus mehreren Rebsorten zusammensetzender Wein, der in der Vergangenheit meist als qualitativ minderwertig bezeichnet wurde. Doch seit Kurzem erlebt der Gemischte Satz ein wahrhaftiges Revival und wird selbst von namhaften Weinkennern in höchsten Tönen gelobt!

004wi Abb.: mw

WIEN ENTDECKEN

013wi Abb.: dk

Im Herzen der City – die Pestsäule am Graben (s. S. 28)

Vorseite: Schloss Schönbrunn (s. S. 65)

Wien für Citybummler

„Wien, Wien, nur Du allein ...“ – ob Moderne Kunst, Jugendstil-Architektur, Sisi-Romantik oder Kaffeehaus-Gemütlichkeit – die Donaumetropole hält, was ihr Bild verspricht. Aber nicht nur das, denn die Stadt bietet viel mehr, als man ihr zutraut.

Für ein erstes Kennenlernen der österreichischen Hauptstadt bietet sich ein **Spaziergang durch die Innere Stadt** an (s. S. 13). Dieses Viertel gilt historisch gesehen als **Altstadt** und präsentiert sich in hervorragendem Zustand. Das Herzstück bildet der **Stephansdom** 1. Er befindet sich praktisch in der Mitte des Viertels, ist von fast jedem Ort der Inneren Stadt aus zu sehen und dient daher als geografischer Orientierungspunkt. Ein Bummel durch die Innere Stadt ist aber nicht nur wegen des Doms und der umliegenden Gebäude interessant: Museen, Lokale, Cafés und Geschäfte sorgen zudem für reichlich Abwechslung – noch mehr „City“ als hier im sogenannten **1. Bezirk** findet man wahrlich nirgends in Wien.

Die Innere Stadt wird im Norden vom Donaukanal und ansonsten von der kreisförmigen Ringstraße begrenzt. Außerhalb davon liegen **acht weitere Bezirke**, von denen im touristischen Sinn speziell der **2. Bezirk** mit dem gewaltigen **Praterareal** 24, der **3. Bezirk** mit dem herrschaftlichen **Schloss Belvedere** 27, der **4. Bezirk** mit dem wuselig-bunten **Naschmarkt** 28 sowie der **6. und 7. Bezirk** mit der **Mariahilfer Straße** 29 und dem grandiosen **Museumsquartier** 31 erlebenswert sind. Nicht verpassen sollte man außerdem das pompöse **Schloss Schönbrunn** 33 und den **Tiergarten** 34 im **13. Bezirk** im äußersten Südwesten der Stadt.

Doch natürlich präsentiert sich Österreichs Kapitale nicht überall als „Pralinenschachtel" und wem der Sinn nach dem **„echten Wien"** jenseits der Touristenbusse und geführten Reisegruppen steht, der sollte wahlweise zu einem Spaziergang durch **Ottakring** (s. S. 21) oder zum abendlichen Heurigenbesuch ins dörflich anmutende **Stammersdorf** (s. S. 85) aufbrechen. Und von wo hat man den ultimativen **Rundblick** über die Stadt? Selbstverständlich vom **Kahlenberg** (s. S. 100) im Nordwesten der Stadt.

Während man in der Inneren Stadt am besten zu Fuß unterwegs ist, kann man in den anderen Bereichen auf das **hervorragende Nahverkehrsnetz** zurückgreifen. So erreicht man jedes in diesem Buch beschriebene Ziel problemlos mit der U-Bahn oder etwas nostalgischer mit der Straßenbahn. So manche Fahrt ist dabei eine **Sightseeingtour** für sich, beispielsweise eine Rundfahrt mit der Linie D von der Ringstraße bis nach Nussdorf.

Wien an einem Wochenende

1. Tag

Morgens

Von einem leckeren **Frühstück** gestärkt – das Café Diglas (s. S. 78) oder das Café Korb (s. S. 78) eignen sich dafür optimal – sollte man den Tag mit einem Besuch des Wiener Wahrzeichens, des **Stephansdoms** ❶, beginnen. Er bildet das geografische und gewissermaßen auch das historische Zentrum der Stadt und ist mit der U-Bahn von überall gut zu erreichen. Im Anschluss an den Dombesuch sollte man das angrenzende Gebiet erkunden, denn sowohl tagsüber als auch spät in der Nacht brodelt hier inmitten der City das Leben.

Ob shoppingwütige Einheimische oder staunende Touristen, wer die **Kärntner Straße** ❸ mit ihren schicken Boutiquen oder den **Graben** ❷ mit seinen klassizistischen und historistischen Stadtpalais besucht, der erlebt unweigerlich das pulsierende Herz der Stadt. Vom Graben aus flaniert man über den anschließenden **Kohlmarkt** [G6]. Diese aufgrund ihrer exklusiven

Auch abends ein Fest der Sinne: die Ringstraße bei der Staatsoper (s. S. 41) mit Blick auf den Stephansdom ❶

014wi Abb.: dk

Geschäfte auch „Champagnermeile" genannte Straße bietet mit dem **k.u.k. Hofzuckerbäcker Ch. Demel's Söhne** (s. S. 79) eine Attraktion der hohen Konditorkunst. Als nächstes schließt sich der **Michaelerplatz** an, wo das majestätische Michaelertor den Eingang in das geschichtliche Zentrum Wiens bildet: die **Hofburg** 14 mit ihren Hauptattraktionen wie der **Schatzkammer** (s. S. 73), dem **Sisi Museum** (s. S. 73) oder der **Spanischen Hofreitschule** 15. Kein anderer Ort in der Inneren Stadt spiegelt den Glanz der vergangenen Donaumonarchie so gut wider wie der ehemalige Sitz der Habsburger.

008wi Abb.: dk

Mittags

Verlässt man die Hofburg durch die Höfe in Richtung Südwesten, erreicht man nach einigen Hundert Metern den riesigen **Heldenplatz** 16. Linker Hand hat man im Burggarten (s. S. 98) die Möglichkeit, das Erlebte zu „verdauen" und Kraft und Energie für weitere Abenteuer zu tanken. Nordöstlich des Burggartens liegt der Albertinaplatz. Hier besteht die Möglichkeit, die grafische Kunstsammlung **Albertina** 13 in dem durch ein schwebendes Titandach überspannten Eckgebäude zu besichtigen. Rechter Hand hat in der Philharmonikergasse das **Hotel Sacher** (s. S. 132) mit dem gleichnamigen **Café** (s. S. 78) – bekannt durch die zuckersüße Sachertorte – seinen Sitz. Dies ist sicherlich kein günstiger, aber dafür ein erlebnisreicher Ort für eine kurze Kaffeepause.

Das große, frei stehende Gebäude gegenüber dem Sacher ist die architektonisch eindrucksvolle **Wiener Staatsoper** 12. Beim Verkaufspavillon am Herbert-von-Karajan-Platz (tgl. 10–19 Uhr geöffnet) ist es möglich, Informationen und Karten für die Oper, aber auch für das namhafteste Schauspielhaus der Stadt, das ehrwürdige **Burgtheater** 21, zu bekommen.

Überquert man den Operring, erreicht man den **Karlsplatz** 10 mit der orientalisch anmutenden Karlskirche. Kunst- und Architekturinteressierte sollten hier auf keinen Fall die

[>] Klassischer gehts nicht: mit dem Fiaker über die Ringstraße

[<] Vom Oberen Belvedere (s. S. 58) blickt man hinab auf die Innere Stadt

nicht weit entfernte, eindrucksvolle **Secession** ⓫ verpassen, ein Kunstmuseum, in dem sich unter anderem der weltberühmte Beethovenfries von Gustav Klimt befindet. An der Secession beginnt auch der quirlig-bunte **Naschmarkt** ㉘ (samstags ist im westlichen Teil ein Flohmarkt angeschlossen, s. S. 96), auf dem man genüsslich dem geschäftigen Treiben zusehen, die verschiedenen Stände erkunden und das ein oder andere Café besuchen kann.

Nicht nur Familien mit Kindern könnten alternativ ab dem Karlsplatz mit der U1 zum **Praterstern** fahren, wo man wahlweise das riesige grüne **Parkareal** oder den Vergnügungspark des **Prater** ㉔ besuchen kann, um den Sauerstoffhaushalt aufzufrischen oder sich einen Adrenalinkick zu holen.

Wer sich im Prater in südöstlicher Richtung bewegt, erreicht über die Rotundenallee den **Donaukanal**, nach dessen Überquerung via Rotundenbrücke es nur noch ein Katzensprung zum **Hundertwasserhaus** ㉖ und zum **KunstHausWien** ㉕ ist, wo man einen Einblick in die außergewöhnliche Architektur Friedensreich Hundertwassers bekommt.

Abends

Zum **abendlichen Festschmaus** empfiehlt sich der Figlmüller (s. S. 79) für ein unglaublich leckeres Riesenschnitzel oder der Plachutta (s. S. 80) für den legendären Tafelspitz. Wer danach noch genug Energie bzw. kein Arrangement für eine kulturelle Soirée getroffen hat, der findet im „**Bermudadreieck**" ❹ jede Menge Lokale und Bars. Wer mehr auf Tanzen aus ist, dem sei ein Besuch in den **Diskotheken** Passage (s. S. 88) oder Volksgarten (s. S. 89) empfohlen.

011wi Abb.: dk

2. Tag

Morgens

Der Morgen sollte im Zeichen der **Ringstraße** mit ihren monumentalen Bauwerken stehen. Es gibt zwei Möglichkeiten, diese Prachtstraße zu erkunden: stilvoll, aber teuer mit einem **Fiaker** (s. S. 128) oder aber mit der gelben **Vienna-Ring-Tram** (s. S. 127), einer Touristen-Straßenbahn, die den Ring am inneren Gleis umrundet. Betrachten Sie vor allem das **Parlament** im neo-attischen Stil ⓳, das **Rathaus** im Stil der Flämischen Gotik ⓴, das **Burgtheater** ㉑, das neue **Universitätsgebäude** [F5/6], die neugotische **Votivkirche** ㉓ sowie die **Staatsoper** im Stil der Neorenaissance ⓬.

Mittags

Frischen Mutes sollte man den Nachmittag der Zweitresidenz der Habsburger, dem **Schloss Schönbrunn** 33 widmen. In ca. zwei Stunden kann man die wichtigsten Sehenswürdigkeiten des Schlosses „abklappern", um dann – verdient ist verdient – den wunderschönen **Schlosspark** 34 zu erkunden. Für eine Kaffeepause eignet sich besonders die erhöht im Park gelegene **Gloriette** (s. S. 67), von der aus man eine tolle Aussicht genießt.

An einem schönen Tag lohnt weiterhin ein Besuch des **Tiergartens Schönbrunn** 34, dem ältesten noch bestehenden Zoo der Welt. Bei nicht ganz so rosigem Wetter wäre es möglich, das **Museum für angewandte Kunst** 8 zu besuchen oder einen Spaziergang durch den **Stadtpark** (s. S. 100) vorbei am Johann-Strauß-Denkmal zu machen. Vom südlichen Ende des Stadtparks ist es nur noch ein Katzensprung bis zum großzügig angelegten **Schwarzenbergplatz.** Die Straßenbahnlinie D fährt vom Platz aus in nur wenigen Stationen zum **Schloss Belvedere** 27. Ob zum Besuch der im Schloss befindlichen Kunstmuseen oder nur

Das gibt es nur in Wien

*Da ist natürlich zuerst mal das **Wiener Kaffeehaus,** denn nirgends lässt es sich besser ausruhen, beobachten und dieses ganz besondere Wiener Flair erfahren.*

*Kulinarisch nicht verpassen sollte man ein echtes **Wiener Schnitzel.** Man liebt sie hier dünn und groß und immer ohne (!) Soße. Dazu wird in der Regel ein Salat gereicht und nur selten üppige Beilagen wie Bratkartoffeln, Reis oder Pommes frites.*

*Architektonisch besonders sehenswert – neben den diversen monumentalen Bauwerken verschiedenster Epochen – ist im Speziellen der **Wiener Jugendstil** (s. S. 39).*

Das Portal des Kunsthistorischen Museums (s. S. 47) ist aus wirklich jedem Blickwinkel gewaltig

009wi Abb.: dk

zum Genießen des traumhaften Blicks über die Stadt vom erhöht gelegenen Schlosspark, das Belvedere ist zweifelsohne einer der schönsten Orte Wiens.

Wieder zurück auf dem Schwarzenbergplatz mit dem imposanten sowjetischen Kriegerdenkmal geht es über die kleine Technikerstraße – rechter Hand befindet sich das spätbarocke Gebäude, das die **französische Botschaft** beherbergt – zum **Karlsplatz** mit der orientalisch anmutenden **Karlskirche** 10. Von hier hat man U-Bahn-Anbindung und erreicht nach nur einer Station (U2) das **MuseumsQuartier** 31, in dem sowohl das **Leopold Museum** (s. S. 71), als auch das **MUMOK** (s. S. 71) die Highlights im kulturellen Sinne darstellen. Direkt daneben schließen sich das Kunsthistorische 17 und das Naturhistorische Museum 18 an. Wer noch ein wenig Zeit hat, der erreicht am südlichen Ausgang des MuseumsQuartiers die **Mariahilfer Straße** 29, Wiens längste Einkaufsstraße.

Abends

Besonders sehenswert ist abends Wiens liebreizendes Biedermeierviertel, der **Spittelberg** 30. Für ein Abendessen empfiehlt sich hier das **Amerlingbeisl** (s. S. 79). Danach finden sich in den Gässchen des Viertels mehr als genügend nette Kneipen. Als kulturelle Alternative bieten sich das nahe gelegene **Volkstheater** (s. S. 91) oder das legendäre **Burgtheater** 21 an.

Wer es lieber urig mag, dem könnte auch ein Besuch bei einem bekannten Stadtheurigen wie dem **Esterházykeller** (s. S. 85) oder dem **Zwölf-Apostelkeller** (s. S. 85) den krönenden Abschluss dieses zweiten Tages gewährleisten.

Stadtspaziergänge

Spaziergang 1: das Herz der Inneren Stadt

Dauer: 1½ – 2 Stunden (ohne Besuch der Sehenswürdigkeiten)
Tages-/Jahreszeit: zu jeder Tages- und Jahreszeit möglich
Startpunkt: U-Bahn-Station Stephansplatz (U1, U3)
Endpunkt: U-Bahn-Station Stubentor (U3)

Im Mittelpunkt dieses Spaziergangs steht die Innere Stadt (1. Bezirk), jedoch jenseits der klassischen Sightseeing-Highlights. Sie werden dorthin geführt, wo auch der „echte" Wiener gern seinen Kaffee zu sich nimmt oder mit Freude seinem Einkaufsbummel nachgeht.

Unser Spaziergang beginnt am Wahrzeichen Wiens, dem **Stephansdom** 1, doch wir meiden die Shopping-Hauptschlagadern **Graben** 2 und **Kärntnerstraße** 3 und halten uns sogleich in Richtung Norden auf der Rotenturmstraße, die uns in das vielleicht authentischste, wenn auch ruhigste Viertel des alten Stadtkerns führt. Nach 150 m biegen wir nach links über den Lichtensteg auf den **Hohen Markt** (s. S. 32) mit der berühmten Ankeruhr ab. Dieses Gebiet war einst das Herz der römischen Legionärssiedlung Vindobona und ab hier erstreckt sich ein wuseliges, fast mittelalterlich anmutendes Geflecht aus kleinen Gässchen, dessen Zentrum der **Am Hof** 22 genannte Platz ist. Auf dem Weg hierher überqueren wir den **Judenplatz** (s. S. 53), auf dem das Mahnmal für die Opfer der Shoah steht.

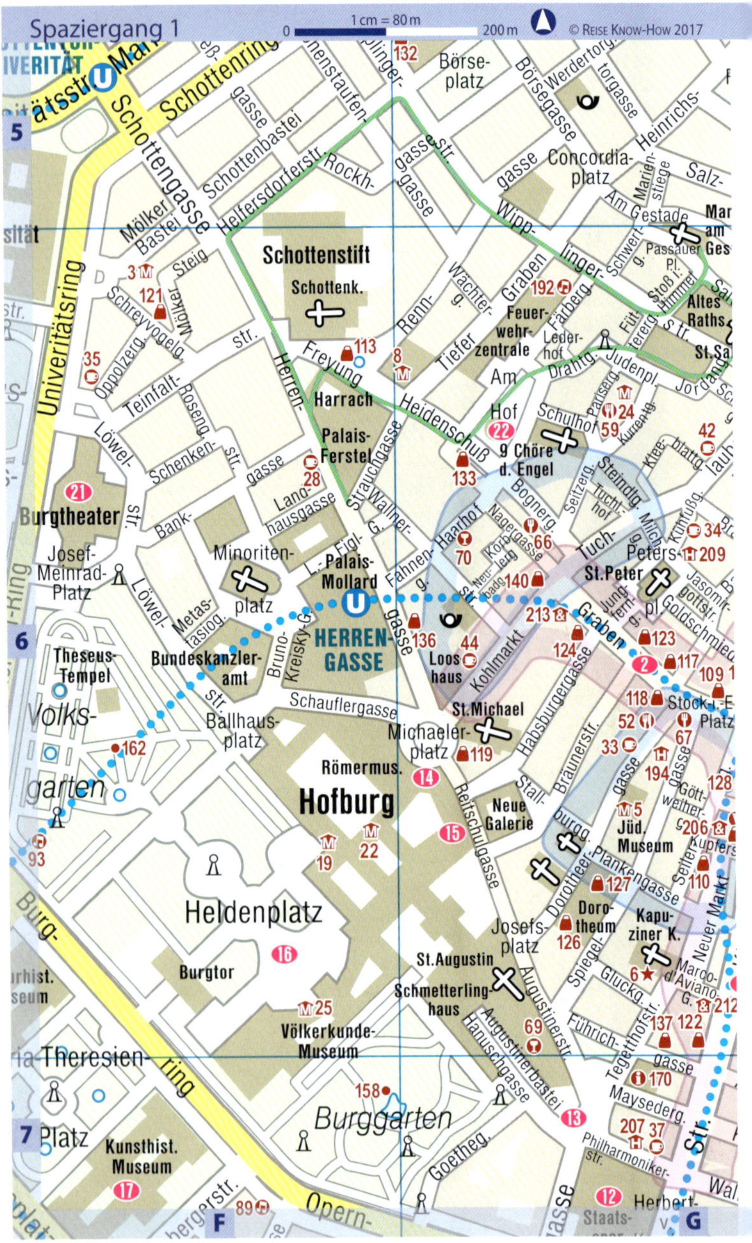
Spaziergang 1
0
1 cm = 80 m
200 m
© Reise Know-How 2017
Schottenring
Schottengasse
Schottenbastei
Helfersdorferstr.
Rockh-
Börse-
platz
Börsegasse
Werdertorg.
torgasse
Heinrichs-
Concordia-
platz
Marien-
stiege
Salz-
Am Gestade
Passauer Pl.
Altes
Raths
Wipp-
linger-
Schottenstift
Schottenk.
Mölker
Bastei
Steig
Schreyvogelg.
Mölker
Univeritätsring
Oppolzerg.
Teinfalt-
Roseng.
Schenken-
str.
Freyung
Herren-
Harrach
Palais-
Ferstel
Heidenschuß
Renn-
Wächter-
g.
Tiefer
Graben
Feuer-
wehr-
zentrale
Färberg.
Leder-
hof
Drahtg.
Judenpl.
Am
Hof
Schulhof
Parisierg.
Kurrentg.
9 Chöre
d. Engel
Klee-
blattg.
Steindlg.
Tuch-
hof
Milchg.
Seitzerg.
Bognerg.
Naglergasse
Haarhof
Kohlmarkt
Tuch-
Peters-
St.Peter
Jung-
ferng.
pl.
Goldschmied
Jasomir-
gottstr.
Kühfußg.
Burgtheater
Josef-
Meinrad-
Platz
Löwel-
str.
Bank-
Minoriten-
platz
Land-
hausgasse
Strauchgasse
Wallner-
G.
Figl-
L.-
Palais-
Mollard
Fahnen-
g.
HERREN-
GASSE
Metas-
tasiog.
Bruno-
Kreisky-G.
Bundeskanzler-
amt
Ballhaus-
platz
Schauflergasse
Loos
haus
St.Michael
Michaeler-
platz
Habsburgergasse
Graben
Stock-i.-E.-
Platz
Theseus-
Tempel
Volks-
garten
Römermus.
Hofburg
Reitschulgasse
Neue
Galerie
Stall-
burgg.
Bräunerstr.
Jüd.
Museum
Göttweiher-
gasse
Kupferschm.
Seilerg.
Plankengasse
Dorotheergasse
Doro-
theum
Kapu-
ziner K.
Neuer Markt
Heldenplatz
Josefs-
platz
St.Augustin
Schmetterling-
haus
Burgtor
Burg-
ring
Völkerkunde-
Museum
Augustinerstr.
Augustinerbastei
Hanuschgasse
Spiegelg.
Gluckg.
Führich-
gasse
Tegetthoffstr.
Marco-
d'Aviano-
G.
Maysederg.
Philharmoniker-
str.
Maria-Theresien-
Platz
Kunsthist.
Museum
Naturhist.
Museum
Burggarten
Goetheg.
Opern-
ring
Staats-
Herbert-
v.
F
G
5
6
7
HERRENGASSE

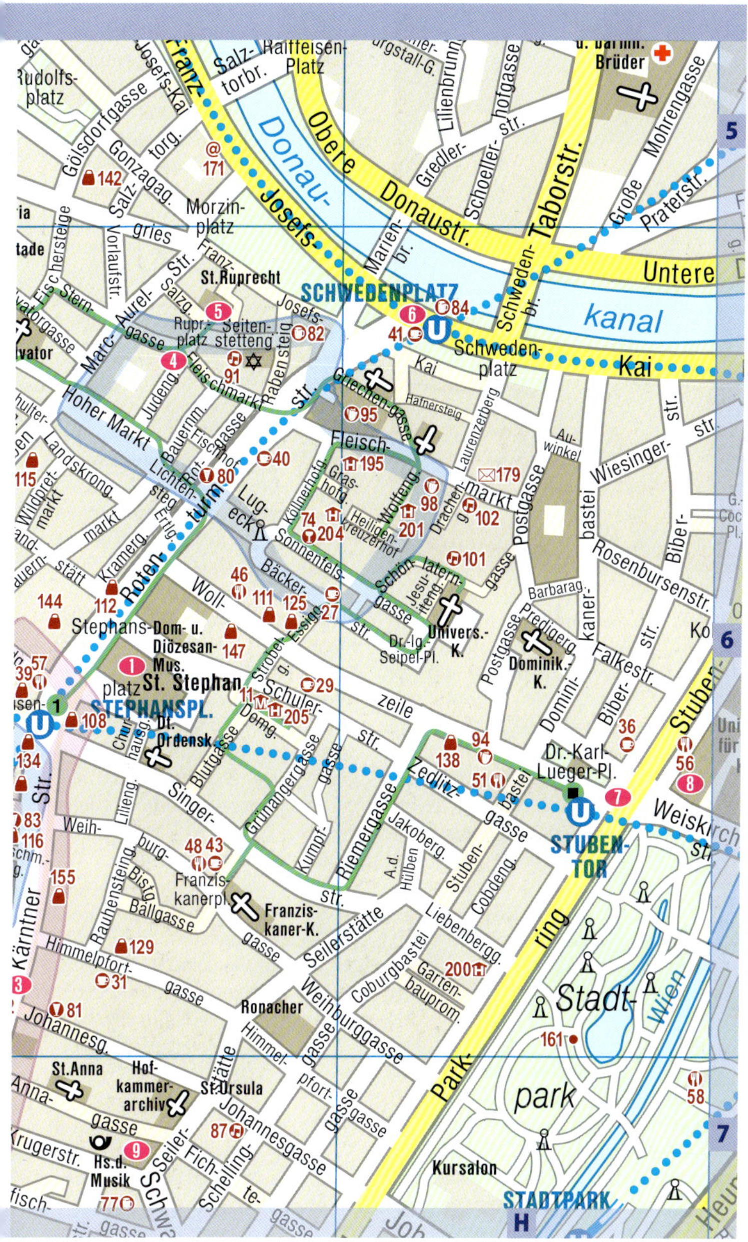
Rudolfs-
platz
Gölsdorfgasse
Gonzagag.
Salz-
torg.
Josefs-Kai
Franz-
Josefs-
Salz-
torbr.
Raiffeisen-
Platz
Donau-
Obere
Donaustr.
Gredler-
Schoeller-
str.
Lilienbrunn
Taborstr.
Brüder
Mohrengasse
Große
Praterstr.
Morzin-
platz
gries
Vorlaufstr.
Fischersteige
St.Ruprecht
Rupr.-
platz
Seiten-
stetteng.
Rabensteig
Marc-Aurel-
gasse
Salzg.
Judeng.
Fleischmarkt
Hoher Markt
SCHWEDENPLATZ
Marien-
br.
Schweden-
br.
Schweden-
platz
Kai
Untere
kanal
Griechen-
gasse
Hafnersteig
Laurenzerberg
Au-
winkel
Wiesinger-
str.
Fleisch-
markt
Drachen-
g.
Postgasse
bastei
Biber-
str.
Rosenbursenstr.
Landskrong.
Wildpret-
markt
Tuchlauben
Bauernm.
Fischhof
Lichten-
steg
Rot-
turm
Lug-
eck
Köllnerhofg.
Gras-
hofg.
Wolfeng.
Heiligen-
kreuzerhof
Sonnenfels-
Bäcker-
str.
Schön-
latern-
gasse
Jesu-
itenq.
Univers.-
K.
Dr.-Ig.-
Seipel-Pl.
Barbarag.
Predigerg.
Dominik.-
K.
Domini-
kaner-
bastei
Falkestr.
Biber-
str.
Stuben-
Kramerg.
Ertlg.
Roten-
Woll-
zeile
Essigg.
Strobel-
g.
Stephans-
platz
Dom- u.
Diözesan-
Mus.
St. Stephan
STEPHANSPL.
Churhausg.
Dt.
Ordensk.
Schuler-
str.
Domg.
Blutgasse
Grünangergasse
Kumpf-
gasse
Riemergasse
Zedlitz-
gasse
Dr.-Karl-
Lueger-Pl.
STUBEN-
TOR
Weiskirch-
str.
Singer-
str.
Lilieng.
Weih-
burg-
g.
Rauhensteing.
Bistg.
Ballgasse
Franzis-
kanerpl.
Franzis-
kaner-K.
Jakoberg.
A.d.
Hülben
Stuben-
Cobdeng.
Liebenbergg.
Coburgbastei
Garten-
bauprom.
Seilerstätte
Kärntner
Str.
Himmelpfort-
gasse
Ronacher
Weihburggasse
Johannesg.
Park-
ring
Stadt-
park
Wien
St.Anna
Hof-
kammer-
archiv
St.Ursula
Himmel-
pfort-
gasse
Johannesgasse
Anna-
gasse
Krugerstr.
Hs.d.
Musik
Seiler-
Fich-
te-
gasse
Schelling-
Kursalon
STADTPARK
5
6
7

Es ist eine wahre Wohltat, sich durch die kopfsteingepflasterten Straßen bis zur **Freyung** treiben zu lassen. Diesen asymmetrischen Platz, auf dem das riesige Schottenstift (ein Anfang des 12. Jahrhunderts gegründetes Kloster für irische Mönche) steht, verlassen wir über die italienisch anmutende Arkadenpassage im **Palais Ferstel** auf die Herrengasse. Selbst wer kein Interesse an einem Koffeinschub hat, sollte bei der Hausnummer 17 einen Blick ins altehrwürdige **Café Central** (s. S. 76) erhaschen, denn bis ins frühe 20. Jahrhundert trafen sich hier regelmäßig Literaten und Intellektuelle.

Weiter geht es in nördlicher Richtung auf der Herrengasse und rechts über die Helfersdorferstraße bis zum **Börseplatz**, an dessen Nordseite das 1874 bis 1877 im Stil der Neorenaissance errichtete Gebäude steht, das bis ins Jahr 2000 die **Börse Wien** beherbergte und vollkommen zu Unrecht im Schatten der anderen, weit bekannteren Ringstraßenbauten (s. S. 35) steht.

Am südlichen Ende des Börseplatzes führt uns die Wipplingerstraße inmitten der umliegenden Häuser als „Hohe Brücke" über den Tiefen Graben, bis wir nach links durch die kleine Gasse namens Stoß im Himmel die gotische Kirche **Maria am Gestade** (s. S. 53) erreichen, deren Besuch aufgrund der außergewöhnlichen Architektur durchaus lohnt.

Ab hier ist es über die nahegelegene Sterngasse nur noch ein Steinwurf bis in die **Judengasse** 4, wo auch das von Bierlokalen und Bars gesäumte **„Bermudadreieck"** beginnt, das getrost als Auge des Wiener Nightlife-Zyklons bezeichnet werden kann und tagsüber besonders wegen der **Ruprechtskirche** 5 sehenswert ist, der ältesten erhaltenen Kirche Wiens.

Nun begeben wir uns auf den Fleischmarkt und biegen erneut nach links in die Rotenturmstraße ab, um dann gleich rechts in die Griechengasse zu gehen. Hier beginnt eines der pittoreskesten Viertel der Innenstadt, in dem speziell das bereits 1447 gegründete Gasthaus **Griechenbeisl** mit äußerst aufwendigem Dekor – übersehen sollte man nicht den „lieben Augustin", der unterhalb des Eingangs wie einst in der Pestgrube hockt – und die angrenzende, orientalisch anmutende **Griechenkirche**

Ein Hauch Hellas in Wien – die Griechenkirche zur Heiligen Dreifaltigkeit

zur Heiligen Dreifaltigkeit erwähnt werden sollten. Unweit von hier liegt auch der versteckte, idyllische **Heiligenkreuzerhof**, der über die Wolfengasse betreten werden kann.

Zurück am Fleischmarkt gehen wir über die Köllnerhofgasse und Sonnenfelsgasse bis zur Schönlaterngasse 7, wo man auf ein ungewöhnliches **Denkmal mit einem Fabelwesen aus dem Mittelalter** trifft. Es befindet sich in Form eines Sandsteinreliefs auf dem sog. **Basiliskenhaus**, das aus dem 13. Jahrhundert stammt und seinen Namen bereits seit 1212 führen dürfte. Der Legende nach entdeckte man im Hausbrunnen des Bäckermeisters Garhiebl ein Schrecken erregendes und gänzlich unbekanntes Tier, dessen giftiger Atem unheilbare Krankheiten hervorrief und dessen Blick allein bereits töten konnte. Es handelte sich angeblich um einen Basilisken, also ein drachenähnliches Ungetüm, das Gerüchten nach aus dem Ei eines Hahns geschlüpft sei, nachdem es von einer Kröte ausgebrütet wurde. In Wahrheit wurde höchstwahrscheinlich beim Graben des Brunnens eine Erdschicht durchstoßen, wodurch aus der darunter liegenden Sandschicht giftige Gase hevortraten.

Wieder auf der Sonnenfelsgasse sollte man die Hausnummer 3 beachten, die einen der berühmtesten und ältesten (seit 1339!) Stadtheurigen, den in mehreren unterirdischen Etagen untergebrachten **Zwölf-Apostelkeller** (s. S. 85), beherbergt.

Wer nun der Bäckerstraße nach rechts folgt, der findet im **Café Alt Wien** (s. S. 76) ein Stück echte Stadtatmosphäre jenseits des touristischen Zentrums. Gegenüber führt uns die schmale Essiggasse in die 600 m lange **Wollzeile** (s. S. 36) mit ihrem großen Angebot an Geschäften, doch statt dem Shoppingwahn zu verfallen, halten wir uns lieber weiter Richtung Süden und gehen durch die Strobel- und Domgasse (im Haus Nummer 5 wohnte zwischen 1784 und 1787 Wolfgang Amadeus Mozart), bis wir die geschichtsträchtige **Blutgasse** erreichen, deren Namen der Legende nach an die grausame Auflösung des Templerordens im Jahre 1312 erinnert, in deren Folge das Blut der toten Kreuzritter die Gasse rot färbte. Bei Hausnummer 3 haben wir Zugang zu versteckten Innenhöfen, die uns in die Grünangergasse führen, über die wir schnurstracks den fast verträumt wirkenden Franziskanerplatz erreichen, auf dem sich das **Kleine Café** (s. S. 79) befindet. Ab hier geht es zurück über die Singerstraße und dann linker Hand über die Riemergasse wieder auf die Wollzeile, auf der man in östlicher Richtung das Stubentor – mit dem grandiosen **Café Prückel** (s. S. 78) – erreicht, an dem dieser Spaziergang endet.

085wi Abb.: dk

Immer einen Zwischenstopp wert: das Kleine Café (s. S. 79) am Franziskanerplatz

Spaziergang 2: die Metropole der Kunst und Wissenschaft

Dauer: 1½–2 Stunden (ohne Besuch von Sehenswürdigkeiten)
Tages-/Jahreszeit: zu jeder Tages- und Jahreszeit möglich
Startpunkt: U-Bahn-Station Schottentor/Universität (U2)
Endpunkt: U-Bahn-Station Karlsplatz (U1, U2, U4)

Ob Musik, Theater, Malerei, Literatur, Architektur oder diverse Wissenschaften – Wien verfügt über eine Aura, die seit Jahrhunderten Kunstschaffende und Wissenschaftler in ihren Bann zieht und ihnen scheinbar den Nährboden bietet, den sie für ihre Arbeit benötigen. Zwar gibt es keine Garantie, dass es Ihnen nach diesem Spaziergang ebenso ergeht, in jedem Fall erleben Sie aber Höhepunkte der Schaffensgeschichte großer Persönlichkeiten und unternehmen dabei auch eine kleine Zeitreise durch die Stilepochen der Stadt.

086wi Abb.: dk

Wir beginnen unseren Spaziergang am Universitätsring direkt an der **U-Bahn-Station Schottentor**, wo sich die älteste und mit rund 93.000 Studenten auch größte Universität im deutschen Sprachraum befindet. Die **Universität Wien** (lateinisch: Alma Mater Rudolphina Vindobonensis) wurde am 12. März 1365 von Herzog Rudolf IV. und seinen Brüdern Albrecht III. und Leopold III. gegründet. Das sich heute hier befindende Gebäude wurde im Stil der italienischen Renaissance von Heinrich von Ferstel in den Jahren 1873/1874 gebaut. Sehenswert im Hauptgebäude – und auch für Nicht-Studierende zugänglich – sind das Foyer, die dahinter liegende Feststiege sowie der Innenhof, um den eine Kolonnade führt, in der sich die Büsten einiger namhafter Professoren befinden, darunter auch so bekannte wie Theodor Billroth, Viktor Frankl, Sigmund Freud, Hans Kelsen oder Oskar Morgenstern.

Überquert man die Ringstraße, erreicht man über die Schreyvogelgasse die **Mölker Bastei.** Hierbei handelt es sich um einen letzten Rest der als Basteien bekannten Wehrgänge auf der ehemaligen Stadtmauer. Errichtet wurde die Bastei in etwa im Jahr 1150. Besonders bekannt ist sie aber vor allem wegen der **Bürgerhäuser im Biedermeierstil**, von denen speziell das **Pasqualati-Haus** (Beethoven-Museum, s. S. 70) zu nennen ist, in dem Ludwig van Beethoven (1770–1827) etwa neun Jahre lang lebte – übrigens ohne dabei bei Nachbarn und Vermietern sehr beliebt zu sein – und u. a. seine einzige Oper „Fidelio“

◁ Im Kolonnadengang der Universität begrüßen einen die Büsten berühmter Professoren

Spaziergang 2
1 cm = 150 m
0
300 m
© Reise Know-How 2017
Universität
Schottenstift
Börse
Börse-platz
Rudolfs-platz
Morzin-platz
Donaukanal
Franz-Josefs-Kai
Schottenring
Universitätsstr.
Universitätsring
Schottengasse
Freyung
Am Hof
Judenpl.
Hoher Markt
Rathaus
Rathaus-platz
Rathaus-park
Burg-theater
Josef-Meinrad-Platz
Minoriten-platz
HERREN-GASSE
Kohlmarkt
Graben
Peters-pl.
Stephans-platz
St. Step
STEPHANS-PL.
Stock-i.-Eisen-Platz
Michaeler-platz
Hofburg
Heldenplatz
Völkerkunde-Museum
Parlament
Volks-garten
Dr.-Karl-Renner-Ring
Schmerling-platz
Justiz-palast
Volks-theater
VOLKSTHEATER
Naturhist. Museum
Maria-Theresien-Platz
Kunsthist. Museum
Burgring
Burggarten
Josefs-platz
Augustinerstr.
Neuer Markt
Kärntner Str.
Himmelpfortgasse
Johannesgasse
Franzis-kanerpl.
Staats-oper
Opernring
Robert-Stolz-Pl.
Schiller-platz
Akad.d. bildenden Künste
Kärntner Ring
Architektur Zentrum
Muse-ums Quar-tier
MUMOK
Kunst-halle
Leopold-Museum
MUSEUMS-QUARTIER
Museumsplatz
Museumstr.
Getreidemarkt
Technische Universität
KARLSPLATZ
Karlsplatz
Resselpark
Wien-Museum Karlsplatz
Karls-kirche
Naschmarkt
Linke Wienzeile
Rechte Wienzeile
Wiedner Hauptstr.
Mariahilfer Str.
Gumpen-dorfer
KETTEN-BRÜCKEN-GASSE
Schwarzenbergstr.
Schwindgasse
5
6
7
F
G

087wi Abb.: dk

▫ *Im Burggarten (s. S. 98) lassen sich die Erlebnisse eines Wien-Rundgangs perfekt verarbeiten*

komponierte. Bei der Nr. 1 befindet sich außerdem das sog. **„Dreimäderlhaus"**, ein josephinisch-klassizistisches Bürgerhaus, um das sich einige Legenden über den Komponisten Franz Schubert (1797–1828) drehen, die in der gleichnamigen Operette von Heinrich Berté (1858–1924) aufgegriffen wurden.

Südlich der Universität befindet sich das gewaltige neugotische **Rathaus** **20** im flämischen Stil, in dessen Park man keinesfalls die im südlichen Teil befindlichen Denkmäler für die Walzerlegenden Johann Strauss Vater (1804–1849) – er schrieb u. a. den berühmten „Radetzkymarsch" – und Joseph Lanner (1801–1843) übersehen sollte. Gegenüber dem Rathaus steht das stattliche **Burgtheater** **21**, in dessen Inneren man sich die Deckengemälde von Gustav Klimt (1862–1918) in den beiden Treppenhäusern und über dem Eingang zum Zuschauerraum ansehen sollte.

Südlich des Burgtheaters begeben wir uns über den Josef-Meinrad-Platz in den schmucken **Volksgarten** (s. S. 100), in dem besonders der Nachbau des Athener Theseions, der **Theseustempel** bestaunt werden kann. Für ihn verantwortlich zeichnete der schweizerisch-österreichische Architekt Peter von Nobile (1774–1854), der als herausragender Architekt des Spätklassizismus in Wien gilt.

Wir verlassen den Volksgarten durch das Osttor auf den Ballhausplatz und gehen über die Schauflergasse bis zum Michaelerplatz, an dessen Ostseite die **Michaelerkirche** steht, in der Joseph Haydn (1732–1809) als 17-Jähriger Orgel spielte und wo Mozarts „Requiem" wenige Tage nach dessen Tod uraufgeführt wurde. Es sind nun keine 200 m bis zum **Josefsplatz**, der nach Kaiser Joseph II. (1741–1790) benannt wurde, der vorrangig durch seine zahlreichen Reformen bekannt ist, aber auch ein äußerst talentierter Komponist und Musiker war.

Folgen wir der Augustinerstraße, erreichen wir die **Wiener Staatsoper** **12**, in der sich seit der Eröffnung im Jahre 1869 die Crème de la Crème der klassischen Musik ein Stelldichein gibt und deren Entwicklung massiv durch die Direktoren wie Gustav Mahler, Richard Strauss, Karl Krauss, Karl Böhm oder Herbert von Karajan geprägt wurde. An der Rückseite der Staatsoper (Philharmonikerstraße 2) befindet sich eine Gedenktafel, die an das Haus erinnert, in dem Antonio Vivaldi (1678–1741) verstarb.

Wer noch mehr über Musikergrößen in Wien wissen möchte, der erreicht über die Walfischgasse und die Akademiestraße das wirklich äußerst sehenswerte **Haus der Musik** 9. Andernfalls geht es auf dem Opernring in Richtung Westen weiter, bis wir nach 350 m den **Burggarten** (s. S. 98) erreichen, in dessen südwestlichem Teil das 1896 von Viktor Tilgner geschaffene **Mozart-Denkmal** nicht nur Fotografen verzückt.

Auf der gegenüberliegenden Seite der Ringstraße liegt der nach dem Grazer Operettenkomponist und Dirigent (1880–1975) benannte **Robert-Stolz-Platz** – Schiller und Goethe liefern sich hier als Denkmäler ein Duell auf Augenhöhe –, den wir im Süden nach links auf der Elisabethstraße verlassen. Über die Kärntnerstraße erreichen wir den **Karlsplatz** 10. Hier endet unser Spaziergang, doch nicht bevor wir uns mit den Meisterstücken des Wiener Jugendstils beschäftigt haben. Diese sind zuallererst die sich hier befindende **Secession** 11 – bekannt wegen ihres faszinierenden Äußeren und des 34 m langen Beethovenfrieses von Gustav Klimt im Innern – und der **Otto Wagner Pavillon** (s. S. 72), in dem sich ein Museum zu Ehren des Architekten und Stadtplaners befindet.

Wer noch nicht genug vom Jugendstil hat, der kann an dieser Stelle die Route entlang der Linken Wienzeile parallel zum Naschmarkt 28 fortsetzen und dem **Wagnerhaus** (Nr. 38) sowie dem **Majolikahaus** (Nr. 40) zumindest von außen einen Besuch abstatten.

Spaziergang 3: jenseits des profanen Mainstream

Dauer: 0,5–1,5 Stunden
Tages-/Jahreszeit: wegen der Marktzeiten in der Zeit zwischen 7 und 16 Uhr, vorrangig bei trockenem Wetter
Startpunkt: U-Bahn-Station Thaliastraße (U6)
Endpunkt: U-Bahn-Station Josefstädter Straße (U6)

Prachtbauten und Hofgärten schön und gut, aber wo ist eigentlich wirklich die „Seele der Stadt"? Natürlich begegnet man ihr an vielen Orten, doch im ehemaligen Arbeiterviertel Ottakring wird man sicher fündig, wenn man einen Blick über den touristischen Tellerrand wagen möchte.

Ottakring, der 16. Wiener Gemeindebezirk, ist einer der traditionellen Arbeiterbezirke Wiens und wurde besonders in der Zeit zwischen 1918 und 1934 von einem enormen sozialen Wohnbau geprägt. In dieser Zeit – die auch als das „Rote Wien" bezeichnet wird – wurden unter der sozialdemokratischen Stadtregierung hier und auch anderswo in der Stadt große **Gemeindebauanlagen** errichtet, so die 1587 Wohnungen umfassende Wohnhausanlage **Sandleitenhof** am Matteottiplatz. Heute präsentiert sich Ottakring als traditioneller **Einwandererbezirk** mit einem Ausländeranteil von etwa 25 % und tatsächlich erlebt man hier praktisch auf Schritt und Tritt balkanisch-orientalisches Flair.

Wir beginnen unseren Spaziergang an der **U-Bahn-Station Thaliastraße** [D6] und folgen der gleichnamigen Ausfallstraße in westlicher Richtung, um gleich rechts in die Brunnengasse abzubiegen. Hier beginnt der

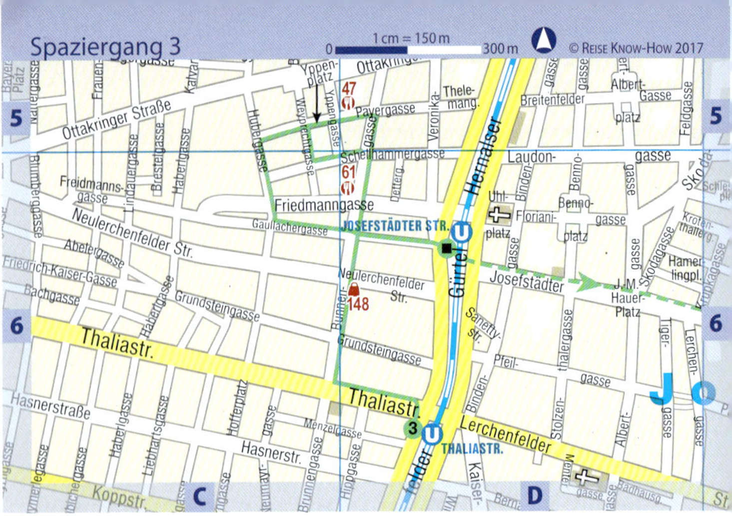

längste Straßenmarkt der Stadt, der **Brunnenmarkt** (s. S. 96), der vorrangig in türkischer und serbischer Hand ist und gerade an schönen Tagen ein Stück Südosteuropa – Handeln ist vielerorts erlaubt – inmitten Wiens verkörpert. Montags bis freitags finden sich hier rund 50 fest installierte Stände, doch an Samstagen kommen noch gut weitere 70 hinzu. Somit ist er nach dem Naschmarkt 28 der zweitgrößte innerstädtische Markt Wiens, doch ist er weit weniger kommerziell. Es macht Spaß, entlang der Brunnengasse bis zur Ottakringer Straße zu schlendern und die Eindrücke und Gerüche aufzunehmen. Bei Hausnummer 67 hat das legendäre türkische Restaurant **Kent** (s. S. 82) seinen Platz gefunden, das für eine kalorienreiche Stärkung oder ein kühles Ayran (Erfrischungsgetränk auf Basis von Joghurt, Salz und Wasser) empfohlen wird.

Direkt an den Brunnenmarkt schließt sich der **Yppenplatz** an, dessen ehemalige Marktstände als jungstylische Lokale, Shops und Galerien ausgebaut wurden. Samstags bringen Bauern aus Niederösterreich hier ihre – meist ökologischen – Waren an die Kunden. Der Yppenplatz ist

088wi Abb.: dk

besonders bei jungen Menschen und Familien mit Kindern als Ort der Erholung beliebt und kann getrost als einer der alternativen Hotspots jenseits des traditionellen Mainstream bezeichnet werden.

Am Platz selbst ist u.a. das Altwiener **Gasthaus Müller** (s. S. 80) empfehlenswert. Kunstinteressierte sollten die Gegend Mitte Mai besuchen, denn dann findet hier und im Sandleitenhof das zweiwöchige Kunst- und Kulturfestival **„Soho in Ottakring“** (www.sohoinottakring.at) statt.

Vom Yppenplatz können wir uns über die Payer- und Hubergasse bis zur Gaullachergasse begeben, über die wir zur **U-Bahn-Station Josefstädter Straße** gelangen, an der unsere kleine alternative Genusstour enden kann. Wer den Spaziergang stadteinwärts fortsetzen möchte, kann der netten Josefstädter Straße über 1500 m Richtung Osten bis zur Ringstraße folgen und sollte dabei bei Hausnummer 26 keinesfalls das **Theater in der Josefstadt** (s. S. 90) übersehen.

Spaziergang 4: die grüne Lunge der Stadt

Dauer: 1½–2 Stunden
Tages-/Jahreszeit: tagsüber zu jeder Jahreszeit möglich
Startpunkt: U-Bahn-Station Stadion (U2)
Endpunkt: U-Bahn-Station Schwedenplatz (U1, U2, U4)

Haben Sie genug von Asphalt und den Abgasen des Stadtverkehrs? Dann nichts wie raus in den Prater 24, die grüne Lunge Wiens! Ob in den erholsamen Praterauen oder im weltberühmten Vergnügungspark – das 6 km² umfassende Parkareal bietet genau das, was man nach einer „Überdosis Innenstadt“ so dringend benötigt.

Und auch im weiteren Abschnitt dieses Spaziergangs durch den 2. Bezirk erfahren Besucher so einiges zum unbekannteren Wien.

Der Brunnenmarkt (s. S. 96) – ein Stück echtes Wien jenseits des Mainstream

Auch für den ultimativen Rundblick über Wien ist der Prater 24 die richtige Adresse

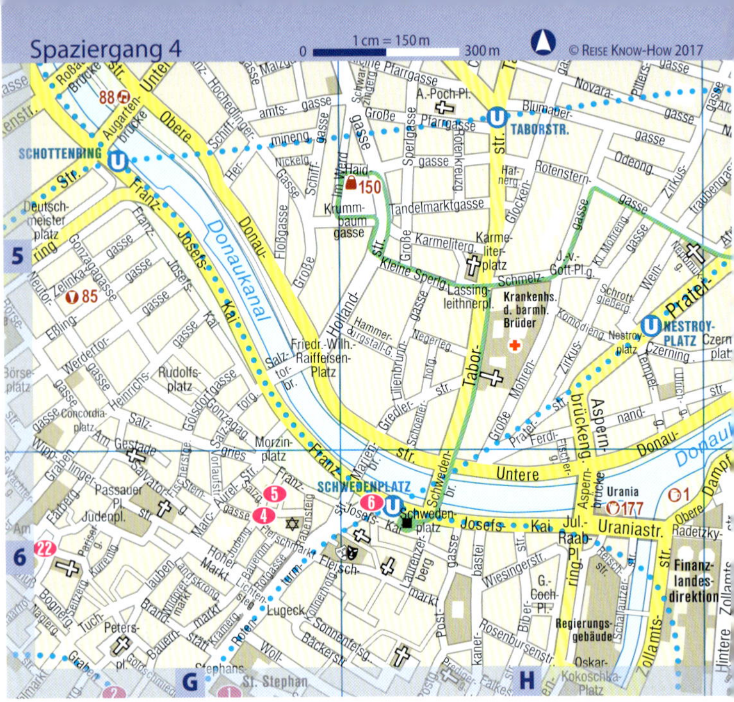

Los geht es an der **U-Bahn-Station Stadion** [K6] direkt bei dem für die Fußball-EM 2008 umgebauten Ernst-Happel-Stadion. Ab hier halten wir uns südlich auf der Meiereistraße, bis wir nach etwa 700 m auf die mit Kastanienbäumen gesäumte **Hauptallee** stoßen. Wir biegen nach rechts ab und folgen der verkehrsberuhigten Allee entlang der Grünflächen und Sportplätze. Hier ist es jedem selbst überlassen, sich sein eigenes Plätzchen zu suchen, um für einige Zeit alle Viere auszustrecken und Wien einfach mal Wien sein zu lassen. Der **Prater** verfügt über jede Menge idyllische **Wiesen und Auen**, auf denen man getrost die Seele baumeln lassen kann. Selbst große Menschenmassen – wie bei den hier stattfindenden Sommerfesten und Livekonzerten – „schluckt" das Areal mühelos und es ist selten schwer, auch eine größere Rasenfläche ganz für sich allein zu ergattern.

Nach ca. 1200 m erreichen wir linker Hand das Areal um den **Heustadel genannten kleinen See.** Wieder auf der Hauptallee geht es nach weiteren knapp 200 m rechts über den Karl-Kolarik-Weg in den **Vergnügungspark** mit seinen zahlreichen familienfreundlichen Schaustell- und Unterhaltungsbetrieben. Wer möchte, kann hier den Adrenalinspiegel aufpeppen oder ganz gemütlich mit dem Riesenrad eine Runde drehen. Hungrige Zeitgenossen sollten im **Schweizerhaus** (s. S. 80) auf eine Portion echt böhmische – und damit ja praktisch auch „typisch wienerische" – Hausmannskost einkehren.

Satt oder nicht setzen wir unsere Hauptallee-Begehung in Richtung Nordwesten fort und sollten auf die ungewöhnliche **Republik Kugelmugel** (s. S. 56) achten. Wer mehr über den Prater erfahren möchte, kann sich außerdem ins **Pratermuseum**

mit angeschlossenem **Planetarium** (s. S. 72) am Oswald-Thomas-Platz begeben. Direkt an den Platz grenzt der **Praterstern** an, wo sich der Regionalbahnhof Wien Nord mit diversen Schnellbahngleisen befindet.

Wir halten uns links und biegen am **Denkmal zu Ehren des Marinekommandanten Wilhelm von Tegetthoff** (1827–1871) in die Praterstraße ein. Nach etwa 300 m sehen wir die 1841 bis 1846 errichtete **Johann-Nepomuk-Kirche**, bei der wir rechts in die Rotensterngasse abbiegen. Hier beginnt ein idyllisches Gebiet aus kleinen Gässchen, das als „**2er Hieb**" bis in die 1970er-Jahre noch durch Prostituierte und halbseidene Zeitgenossen geprägt war, mittlerweile aber zu einem beliebten Wohngebiet mutiert ist. Interessant ist, dass sich in diesem Abschnitt des 2. Bezirks auch wieder viele orthodoxe Juden angesiedelt haben und entsprechend Männer mit Hut, schwarzen Kaftans und Schläfenlocken keine Seltenheit darstellen.

Schlendern wir nun die Große Mohrengasse hinunter und biegen in die Schmelzgasse ein, die uns zum kleinen **Karmeliterplatz** führt, von dem aus man über die Kleine Sperlgasse und die Hollandstraße zum Beispiel noch einen Abstecher auf den sehenswerten **Karmelitermarkt** (s. S. 96) machen könnte.

Zurück am Karmeliterplatz, verläuft dann die Taborstraße in südlicher Richtung, auf der wir zum Ende unseres Spaziergangs den **Schwedenplatz** 6 auf der gegenüberliegenden Seite des Donaukanals erreichen. Übrigens lässt sich diese Route auch problemlos mithilfe von Fahrrädern erkunden. **Citybike-Stationen** (s. S. 125) stehen sowohl am Stadion als auch am Schwedenplatz zur Verfügung.

Innere Stadt (1. Bezirk)

Der 1. Wiener Gemeindebezirk – auch Innere Stadt genannt – bildet den alten Stadtkern der österreichischen Bundeshauptstadt. Bis in der zweiten Hälfte des 19. Jh. diverse umliegende Siedlungen eingemeindet wurden, war dieser Bezirk auch weitestgehend deckungsgleich mit der Stadt Wien. Noch heute gilt: Wer nur einen Tag in Wien hat, der bekommt auf den 2,88 km² des 1. Bezirks all das geboten, was man braucht, um mitreden zu können.

1 Stephansdom und Stephansplatz ★★★ [G6]

Das Zentrum Wiens ist der gewaltige Stephansplatz, der buchstäblich im Schatten der noch gewaltigeren Domkirche Sankt Stephan zu Wien – kurz Stephansdom – steht. Der Stephansdom ist das sehenswerteste gotische Bauwerk Österreichs und das Wahrzeichen der Stadt.

Der von den Wienern im Volksmund liebevoll „Steffl" genannte Dom präsentiert sich als **auffälligster Prunkbau der Inneren Stadt**, der seit knapp 900 Jahren das Antlitz Wiens prägt und über zahlreiche bauliche Besonderheiten verfügt. Die Anfänge des Domes liegen vermutlich im Jahre 1137, als der Markgraf Leopold IV. mit dem Bischof von Passau einen Tauschvertrag abschloss, nach dem es dem Bischof ermöglicht wurde, außerhalb der damaligen Stadt ein Gotteshaus zu errichten, das dem Patron der Bischofskirche von Passau, dem heiligen Stephanus geweiht sein sollte. 1147 wurde die ursprüngliche Kirche fertiggestellt und noch im selben Jahr vom Passauer Bischof geweiht.

1230–1245 und 1263 entstanden weitere spätromanische Anbauten, von denen noch heute die Westfassade mit dem **Riesentor** genannten Portal besteht. Über das Riesentor betritt man den Dom und sollte dabei unbedingt einen Blick auf die Seitenkapellen und ihre herrlich gearbeiteten **Steinrosenfenster** werfen. Mit Beginn des 14. Jh. folgten Anbauten im gotischen Stil, wie der prächtige Albertinische Chor, an dessen südlichem Strebepfeiler sich die älteste Sonnenuhr Wiens befindet, der Neubau des Langhauses, der Dachstuhl sowie der 136,4 m hohe **Südturm**, den man über eine 343 Stufen zählende, enge Wendeltreppe erklimmen kann (tgl. 9–17.30 Uhr, 4 €) und von dem man einen atemberaubenden Blick über die Stadt hat.

Als 1469 Wien zum Bistum erhoben wurde, ernannte man die Kirche Sankt Stephan offiziell zur Kathedrale. Kurz zuvor legte Friedrich III. den Grundstein für den **Nordturm**, für dessen Bindemittel der Legende nach der Wein eines ganzen Jahrgangs verwendet wurde. Wem die Besteigung des Südturms zu anstrengend erscheint, der kann auf den Lift im Nordturm ausweichen (hinter dem Orgelfuß, 4,50 €). Im 16. Jh. folgte die aufwendig gearbeitete **Kanzel** und der **Orgelfuß** mit dem Selbstbildnis des Erbauers Anton Pilgram. 1578 wurde auf den Nordturm die **Welsche Haube**, ein achteckiger Aufbau, gesetzt und 1637 bis 1650 wurde dann die Inneneinrichtung – vor allem der in schwarzem Marmor gearbeitete **Hochaltar** – barockisiert.

⊡ *Der Stephansdom ist immer ein guter Orientierungspunkt*

Während der Zweiten Türkenbelagerung im Jahre 1683 musste der Dom stark unter dem Beschuss feindlicher Artillerie leiden. Aus den feindlichen Kanonenkugeln goss man die etwa 20 Tonnen schwere, große Glocke – **Pummerin** genannt –, die im Nordturm hängt (mit dem Aufzug für 5 € zu erreichen). 1723 wurde der Dom zur Metropolitankirche des Erzbischofs von Wien erklärt.

Kurz darauf ließ Kaiser Karl VI. den Friedhof der Kirche (Stephansfreithof) schließen und im Gegenzug ein ausgedehntes Katakombensystem bauen, von dem die **Herzogengruft** oder **Herzogskrypta** (neben dem Lift zum Nordturm, nur mit Führung, 5 €) zugänglich ist. Dort wird die Asche einiger Habsburger, zahlreicher Wiener Kardinäle, Erzbischöfe und Mitglieder des Domkapitels in Urnen aufbewahrt.

Obwohl der Wiederaufbau des durch Brandschäden zerstörten Doms sofort nach Kriegsende begann, blieb der Stephansdom bis 1952 für die Öffentlichkeit geschlossen, bis die neu gegossene Glocke feierlich wieder im Nordturm installiert wurde. Wer den Dom sonntags zum Gottesdienst besuchen möchte, kommt sicherlich in den musikalischen Genuss der großen, auf der Westempore gelegenen **Orgel**, die Ende der 1950er-Jahre erbaut wurde. Wer genug der sakralen Stimmung innerhalb des Domes hat, der sollte nicht versäumen, das Bauwerk auch von außen zu begutachten, denn die Wände des Domes sind mit **Epitaphen** (Grabmaltafeln) aus dem Stephansfreithof übersät.

› Stephansplatz, U-Bahn-Station Stephansplatz, Tel. 01 515523526, www.stephansdom.at, Mo.–Sa. 6–22 Uhr, So. und Feiertag 7–22 Uhr, Führungen Mo.–Sa. zwischen 9 und 11.30 sowie 13 und 16.30 Uhr, So. und feiertags zwischen 13 und 16.30 Uhr. Wer alle Attraktionen des Stephandomes erleben möchte, sollte ein Kombiticket für 17,90 € nehmen.

035wi Abb.: dk

Selbstverständlich ist der Stephansplatz auch rund um den Dom sehenswert. Schräg gegenüber des Riesentors liegt das 1990 von Hans Hollein errichtete **Haas-Haus**, ein faszinierendes Gebäude, das durch seine moderne Glasfront, die Eckrundung – dem römischen Lagergeviert nachempfunden – und den großen, die Rundung abschließenden Erker von Anfang an für kontroverse Meinungen sorgte. Neben internationalen Modegeschäften und flippigen Designershops befindet sich im 7. Stock des Hauses das Flaggschiff von Starkoch Attila Dogudans Gourmetimperium, das exklusive **Restaurant DO & CO** (s. S. 82).

2 Graben ★★★ [G6]

Der Stephansdom mag zwar der geografische Mittelpunkt Wiens sein, wer aber wirklich Großstadtflair erleben möchte, der sollte sich knappe 200 m in südwestlicher Richtung auf die berühmteste Flaniermeile der Stadt, den mit prachtvollen Jugendstil-, Biedermeier- und Barockfassaden sowie luxuriösen Geschäften gesäumten Graben bewegen.

Diese exklusive Prunkzeile ist eine der elegantesten (und teuersten) Einkaufsstraßen Europas, die am Stock-im-Eisen-Platz beginnt, wo sich das **Palais Equitable** (Sitz der Hauptfiliale der Porzellanmanufaktur Augarten, s. S. 94) und das von Otto Wagner 1895 gebaute **Ankerhaus** befindet und wo in etwa die Abzweigung zur Spiegelgasse liegt. Der Graben endet nach knappen 400 m an der Verzweigung nach links zum Kohlmarkt und nach rechts in die Tuchlauben. Er geht bereits auf das alte Römerlager Vindobona zurück und war bis ins Mittelalter der Burggraben, der vor der Stadtmauer lag. Erst während der **babenbergischen Stadterweiterung** wurde er am Ende des 12. Jh. zum Straßenzug und später zum Marktplatz umfunktioniert. Bis ins 18. Jh. diente der Graben hauptsächlich als Gemüsemarkt und erst später als Schauplatz verschiedenster Stadtfestivitäten wie Triumphzügen und Erbhuldigungsfeiern zu Ehren des Hofes. Nicht mehr klar zu rekonstruieren ist wohl, ob bei diesen Feierlichkeiten tatsächlich Wein aus den beiden, noch heute hier zu sehenden Brunnen – dem **Josefsbrunnen** und dem **Leopoldsbrunnen** – sprudelte.

046wi Abb.: mw

Zu Beginn des 19. Jh. setzte sich der Aufschwung des Grabens fort und er wurde durch die Ansiedlung von immer mehr Luxusgeschäften zur (zusammen mit der Kärntner Straße) exklusivsten Einkaufsstraße Wiens. Durch diese Entwicklung und den zunehmenden Verkehr waren bauliche Veränderungen nötig und in Folge verschwanden so gut wie alle Gebäude aus der Barockzeit mit Ausnahme des **Palais Bartolotti-Partenfeld** auf der Nr. 13 – in dem sich heute der Herrenausstatter und ehemalige k. u. k. Hoflieferant **Knize** (s. S. 93) befindet – und der etwas zurückversetzten **Peterskirche** (in der Habsburgergasse gelegen) sowie der am 10. Oktober 1679 von Kaiser Leopold I. anlässlich einer Pestepidemie in Auftrag gegebenen und 1692 fertiggestellten, äußerst beeindruckenden **Pestsäule**.

Zu Anfang des 20. Jh. war der Graben dann in etwa das, was er heute noch ist, obwohl er erst 1974 zur ersten Fußgängerzone Wiens erklärt wurde. Spätestens seit dieser Zeit verfügt er sowohl architektonisch als auch einkaufstechnisch über genügend Höhepunkte, wie z. B. – neben den bereits beschriebenen Adressen – das Prachtgebäude des Traditionsunternehmens **E. Braun & Co.** auf der Nr. 8, in dem sich heute H&M angesiedelt hat, das Modehaus **Liska** (s. S. 93) auf der Nr. 12 sowie die Feinkost-Filiale der österreichischen Supermarktkette **Julius Meinl** (s. S. 95) an der Ecke zur Verlängerung des Grabens, der Naglergasse.

Als Herzstück des Stadtzentrums hat der Graben auch in unmittelbarer Nähe reichlich Sehens- und Schmeckenswertes zu bieten. Verlässt man ihn auf den Kohlmarkt, dürften dem Besucher speziell die prunkvollen Fassaden der hiesigen Geschäfte auffallen. Auf der Nr. 14 befindet sich der traditionsreiche **k. u. k. Hofzuckerbäcker Ch. Demel's Söhne** (s. S. 79), schlichtweg ein Erlebnis der Superlative in Sachen Kuchen, Torten und Mehlspeisen! Eine weitere bekannte Adresse rund um den Graben ist das in der Dorotheergasse gelegene **Café Hawelka** (s. S. 78) der Künstler und Lebenskünstler. Schräg gegenüber liegt der berühmte Stehimbiss **Trześniewski** (s. S. 84) und vis-à-vis befindet sich das Gasthaus **Reinthaler's Beisl** (s. S. 80). Folgt man der Dorotheergasse weiter – hier ist das pittoreske Antiquitätenhändlerviertel –, kommt kurz darauf auf der linken Seite das **Jüdische Museum** (s. S. 70) sowie etwas dahinter Wiens größtes Auktionshaus, das **Dorotheum** (s. S. 94).

› U-Bahn-Station Stephansplatz

037wi Abb.: dk

3 Kärntner Straße ★★ [G6]

Die verkehrsberuhigte Kärntner Straße bildet zusammen mit dem Graben Wiens Shoppingmeile schlechthin. Sie verläuft zwischen dem Stephansplatz und der Staatsoper und ist gleichermaßen mit schicken Läden des gehobenen Einzelhandels, internationalen Modegeschäften und Kaufhäusern sowie diversen, vor allem auf Touristen abgestimmten Restaurants und Kaffeehäusern gesäumt. Zwischen Frühling und Sommer geben sich hier allerlei Straßenmusikanten und diverse andere Künstler ein Stelldichein und unterhalten sowohl die Einheimischen als auch die shoppingwilligen Fremden.

Einen Abstecher wert: die Anfang des 18. Jh. erbaute Peterskirche

Blick vom Außenlift des Kaufhauses Steffl über die Kärntner Straße

038wi Abb.: dk

Ausgrabungen offenbarten, dass auch die Kärntner Straße bereits zur Zeit der Römer bestanden hat. Allerdings war sie – damals Strata Carinthianorum genannt – wohl vorerst nichts weiter als ein kleines Gässchen innerhalb des stark befestigten Militärlagers, auf dessen Überresten die heutige Innere Stadt liegt. Erstmals urkundlich erwähnt wurde die Straße 1257 als Verbindung zwischen dem Stadtzentrum und dem Kärntner Tor der Stadtmauer, die damals etwa dort lag, wo heute die Walfisch- und Philharmonikergassen kreuzen.

Die Straße hat ihren Namen von Kärnten – unter den Römern Carinthia als Teilgebiet der Provincia Noricum. Bereits damals stellte ihre Verlängerung eine wichtige Verkehrsader zu den Hafenstädten an der Adria dar. Ab dem Mittelalter und bis ins 16. Jh. lag direkt an der Kärntner Straße ein Friedhof, der zu einem nahen Bürgerhospital gehörte. Erst ab der zweiten Hälfte des 19. Jh. entwickelte sie sich dann zur Einkaufsstraße und in der Gründerzeit entstand, zumindest architektonisch, ihr heutiges Antlitz, wobei dieses gerade in den letzten beiden Jahren des Zweiten Weltkriegs durch die Bombardements schwer in Mitleidenschaft gezogen wurde.

Direkt an der Kärntner Straße – die Malteserkirche, Hausnummer 37

Erst 1974 wurden die Autos weitestgehend aus der Straße verbannt und auch die angrenzenden Gassen zur **Fußgängerzone** erklärt. Das war dann auch das Ende des Straßenstrichs, der sich in diesem Karree großer Beliebtheit erfreute. Nun wurde die Kärntner Straße auch abends richtig gesellschaftsfähig. Speziell die Himmelpfort-, Johannes- und Annagasse, aber auch die Krugerstraße können nicht nur bautechnisch als Erweiterung der Kärntner Straße angesehen werden, sondern auch kulinarisch, denn hier befinden sich ebenfalls einige Lokale, Restaurants und Bars, allen voran das **Café Frauenhuber** (s. S. 78) in der Himmelpfortgasse 6–8, mit einer beachtlichen Auswahl an Mehlspeisen. Zu weiteren sehenswerten Lokalen gehört die kleine, feine, von Adolf Loos 1907–1908 im klassischen, klaren und schnörkellosen Jugendstil erbaute **Loos-Bar** (s. S. 87) im Kärntner Durchgang.

Wer genug der Gaumenfreuden hat, dem sei versichert, dass die 788 m lange Kärntner Straße mit ihren etwa 160 Geschäften, edlen Boutiquen und Flagship-Stores nicht umsonst die berühmteste, aber wahrscheinlich auch **touristischste Einkaufsstraße Österreichs** darstellt. Zu den sehenswerteren Geschäften

EXTRATIPP

Sterben wie ein Kaiser

Von der Mitte der Kärntner Straße erreicht man rechter Hand über die Marco d'Aviano Gasse den Neuen Markt, einen kleinen romantischen Platz, der viel Ruhe ausstrahlt inmitten des sonst so hektischen Stadtzentrums. Hier befindet sich die **Kapuzinerkirche,** in deren Kellergeschoss die **Kapuzinergruft** (s. S. 70) liegt. Seit 1633 wurden dort unten die Familienmitglieder der Habsburger beigesetzt. 16 Kaiserinnen, zwölf Kaiser und knapp 100 Erzherzöge ruhen in reich verzierten, oftmals prunkvollen Sarkophagen und bieten damit ein außergewöhnliches Erlebnis einer definitiv vergangenen Zeit.

zählen die Nr. 26 mit dem exklusiven Glas- und Lampengeschäft **J. & L. Lobmeyr,** die durch moderne Glasfassaden hier architektonisch außergewöhnliche Nr. 19 mit dem renommierten Kaufhaus **Steffl** (s. S. 97).

Geschichtlich interessierte Besucher sollten außerdem die Hausnummer 37 nicht verpassen. Sie beherbergt die aus der Mitte des 15. Jh. stammende **Malteserkirche,** in der Abraham a Santa Clara (1644–1709) während des Türkenkriegs und der Pestepidemie den verängstigten Bürgern Wiens durch seine Predigten Mut einflößte. Dieses vor allem durch die Barockzeit geprägte Bauwerk besteht nur aus einem einschiffigen Raum und zeichnet sich durch das 1730 von Johann Georg Schmidt gemalte Hochaltarbild sowie das klassizistische Denkmalrelief aus.

Im **Palais Esterházy,** der Nr. 41, wo sich heute das Spielcasino Cercle Vienna befindet, stand bis Anfang der 1970er-Jahre das Modehaus des berühmtesten Modeschöpfers Österreichs der Nachkriegsjahre: Fred Adlmüller. Sowohl in Sachen Haute Couture für die Damen als auch bei hochwertiger Herrenmode – bis hin zu den Staatsfräcken der Bundespräsidenten –, Adlmüllers Kreationen waren stets klassisch elegant. Kein Wunder, dass gerade ältere Wienerinnen davon immer noch schwärmen.

Verlässt man die Kärntner Straße gegenüber der Staatsoper ⓬ nach rechts in die Philharmonikergasse, erreicht man das weltberühmte **Hotel Sacher** (s. S. 132).

› U-Bahn-Station Stephansplatz oder Karlsplatz

039wi Abb.: dk

Schon von außen ist das Geschäft J. & L. Lobmeyr eine wahre Pracht

4 Judengasse und „Bermudadreieck" ★★ [G6]

Das etwas erhöht gelegene Areal unweit des Donaukanals zählt zu den historisch bedeutendsten Gegenden Wiens, denn hier war die römische Legion stationiert, die die Siedlung Vindobona gründete. Heutzutage ist das Gebiet um Judengasse, Rabensteig, Seitenstettengasse und den Hohen Markt wegen seiner ausgeprägten Kneipendichte bekannt und wird speziell freitags- und samstagsabends stark frequentiert.

Es dürfte daran liegen, dass in den Lokalen öfters Personen bis in die frühen Morgenstunden „verschollen bleiben" und danach über amnesieähnliche Zustände klagen, dass man dieses Viertel auch gerne als „Bermudadreieck" bezeichnet.

Begonnen hat das rege Nachtleben durch eine Liberalisierung der Gewerbeordnung und die damit verbundene Gründung des Bierlokals **Krah-Krah** (s. S. 87) durch den Wirt Sepp Fischer im Jahre 1980. Der Name Krah-Krah und die drei Raben im Logo wurden nicht zufällig gewählt, hier befand sich bereits Anfang des 19. Jh. eine Schänke mit dem Namen Zu den drei Raben, daher auch der Name der Gasse: Rabensteig. Weitere bekannte Adressen sind das **Bermuda Bräu**, der für seine Livemusik berühmte **Rote Engel** (s. S. 88), das wegen der Cocktails populäre **Ron Con Soda**, das **Plem Plem** oder das vom zeitgenössischen Wiener Architekten Hermann Czech gestaltete **Salzamt**.

Aber auch tagsüber ist diese Gegend sehenswert, zumal die engen kopfsteingepflasterten Gassen immer noch etwas vom Flair des alten Wien widerspiegeln, wie man es sonst kaum noch findet. Bereits vor dem Zweiten Weltkrieg und danach bis in die späten 1970er-Jahre war hier in der Judengasse ein jüdisches Textilviertel, in dem zahlreiche Textilkaufhäuser für Großhändler betrieben wurden. In der Seitenstettengasse 4 befindet sich auch die Israelitische Kultusgemeinde sowie die als **Stadttempel** bezeichnete älteste (1826) noch bestehende Synagoge Wiens. Eine Besichtigung ist nach vorheriger Absprache mit dem Sekretariat oder noch besser über eine Führung durch das Jüdische Institut für Erwachsenenbildung möglich.

› Stadttempel, Seitenstettengasse 4, Tel. 01 5310411
› Jüdisches Institut für Erwachsenenbildung, Praterstern 1, www.vhs.at, Tel. 01 89174153000 (→ Spezialisierte Einrichtungen)

Bis heute befinden sich auf der Judengasse Bekleidungsgeschäfte, allerdings handelt es sich dabei um preislich hoch angesiedelte, aber kultige Designerboutiquen. Jenseits der hier endenden Fußgängerzone trifft man auf den **Hohen Markt**, einen mit neoklassizistischen Gebäuden gesäumten Platz, bei dem speziell die Nr. 10 und 11 zu erwähnen sind. Denn hier werden die beiden Trakte des Ankerhofes durch eine Brücke verbunden, auf der sich eines der herausragendsten Werke des Jugendstils befindet: die **Ankeruhr.** Die in der Diagonale 4 m messende Uhr wurde zwischen den Jahren 1911 und 1917 nach den Entwürfen des Künstlers Franz Matsch gebaut und stellt ein Tribut an 15 berühmte Persönlichkeiten, die die Stadt prägten – u. a. Marc Aurel, Karl der Große, Walther von der Vogelweide, Prinz Eugen von Savoyen, Kaiserin Maria Theresia und ihr Gatte Franz I. von Lothringen und Joseph Haydn – dar. Diese sind als Kupferfiguren zu sehen und erscheinen nacheinander zu jeder vollen Stunde, jeweils mit einem zu ihnen und ihrer Epoche passenden Musikstück. Um Punkt zwölf Uhr mittags paradieren sie sogar alle gemeinsam.

Am südwestlichen Ende des Hohen Marktes führt die Marc-Aurel Straße bzw. die Tuchlauben wieder auf den Graben. Besonders erwähnt sei hier der **Eissalon Tuchlauben** (s. S. 79), an dem im Sommer Wartezeiten von bis zu 10 Minuten in Kauf genommen werden müssen (es lohnt sich!), sowie das **Café Korb** (s. S. 78) auf der Brandstätte 9, eines der urigsten und originellsten Kaffeehäuser der Stadt mit dem vielleicht flockigsten Kaiserschmarrn überhaupt.

› U-Bahn-Station Schwedenplatz

040wi Abb.: dk

Ein Meisterwerk des Wiener Jugendstils – die Ankeruhr

041wi Abb.: dk

Die mittelalterliche Ruprechtskirche liegt versteckt oberhalb des Donaukanals

5 Ruprechtskirche ★★ [G6]

Auf dem Erkundungszug durch das alte Wien sollte man auf keinen Fall die kleine Ruprechtskirche übersehen, die über dem Donaukanal thront. Von ihrem Standort aus hat man einen guten Ausblick auf das andere Ufer mit seinen mondänen, verglasten Bürogebäuden, darunter auch der Sitz der OPEC im 2. Bezirk.

Die südlich des Kanals gelegene Ruprechtskirche ist möglicherweise **die älteste Kirche Wiens.** Vielleicht stand sie bereits im Jahre 740, als sich auf diesem Platz laut Meinung einiger Historiker der erste Markt der Stadt, der Kienmarkt, befand. Die älteste urkundliche Erwähnung findet sich jedoch erst im Jahre 1200, als die Kirche und andere religiöse Bauten vom Herzog Heinrich II. Jasomirgott dem Schottenstift (Am Hof 22) geschenkt wurde. Es wird allerdings auch davon ausgegangen, dass hier die Pfarrei der Stadt ihren Sitz hatte, bevor sie im Jahre 1147 in den Stephansdom übersiedelte. Die Kirche ist zu Ehren des Heiligen Rupert geweiht, der gleichzeitig der Schutzpatron der Salzhändler und der Stadt Salzburg ist. Salz galt im Mittelalter als eine der wichtigsten Waren schlechthin und der Handel wurde in Wien durch das sog. **Salzamt** verwaltet, das seinerseits im Praghaus direkt an den Turm der Ruprechtskirche angebaut lag.

Unweit der Ruprechtskirche, auf dem noch heute vorhandenen Salzgries, wurde Salz unter der Oberaufsicht des Salzamtes an Einzelhändler verkauft, wobei die Salzer – vom Kaiser autorisierte Großhändler – auch dazu verpflichtet wurden, für die Erhaltung der Kirche Sorge zu tragen. Mit Einführung des Salzfreihandels im Jahre 1824 wurde das Salzamt aufgelöst und wenige Jahre später demolierte man das Praghaus. Die Ruprechtskirche, so wie sie heutzutage besteht, ist das Ergebnis mehrfacher Umbauten. Sie ist speziell wegen der **ältesten Glasfenster Wiens** aus dem 13. Jh. sehenswert.

› Ruprechtsplatz, U-Bahn-Station Schwedenplatz, www.ruprechtskirche.at, Mo.–Fr. 10–12 Uhr, Mo./Mi./Fr. 15–17 Uhr

Die vielleicht bekannteste Kulturstätte der Stadt – die Urania am Donaukanal

042wi Abb.: dk

6 Schwedenplatz ★ [H6]

Nördlich der Anhöhe von Judengasse und Ruprechtskirche bzw. vom Stephansplatz über die Rotenturmstraße zu erreichen, befindet sich einer der wichtigsten Verkehrsknotenpunkte der Stadt: der Schwedenplatz.

Es handelt sich dabei weniger um eine echte Sehenswürdigkeit als vielmehr um einen sinnvollen Zwischenstopp auf der Erkundungstour Wiens, denn hier am Franz-Josefs-Kai hat man Anschluss an die U-Bahn und oberirdisch fahren diverse Straßenbahnlinien in praktisch alle Himmelsrichtungen, u. a. auch die Vienna-Ring-Tram (s. S. 127). Über die Schwedenbrücke überquert man den Donaukanal und verlässt dabei den 1. Gemeindebezirk in Richtung Leopoldstadt (2. Bezirk). Erwähnenswert am Platz selbst ist der nicht ohne Grund stark frequentierte italienische **Eissalon am Schwedenplatz** (s. S. 79).

Ebenfalls interessant ist die östlich des Schwedenplatzes gelegene **Urania**, ein 1910 im Jugendstil erbautes ovales Gebäude, auf dem sich eine Kuppel mit Sternwarte befindet. In diesem Volksbildungshaus sind sowohl die Volkshochschule, ein Kino und ein Puppentheater als auch zahlreiche Vortrags- und Präsentationsräume untergebracht, denn hier ist alljährlich das Filmfestival Vien-

KLEINE PAUSE

Relaxen in der Strandbar

Entspanntes Barareal unterhalb der Urania am Schwedenplatz 6 mit Sandstrand und Sonnenliegen.

◎1 [H6] **Strandbar Herrmann**, Herrmannpark, Tel. 0688 8666036, www.strandbarherrmann.at, April–Sept. tägl. 10–2 Uhr, WLAN

Der Ring, die Prachtstraße Wiens

Etwa bei der Urania beginnt die Ringstraße, umgangssprachlich häufig als Ring bezeichnet, die aufgrund ihrer zahlreichen historischen Bauwerke als eine der Hauptattraktionen Wiens angesehen werden muss. Die annähernd ***kreisförmige Prachtstraße*** *begrenzt die Innere Stadt und ist etwa 5,2 km lang, zählt man den Franz-Josefs-Kai mit. Wer diese Strecke nicht laufen möchte, kann sie mit der Vienna-Ring-Tram (s. S. 127) oder etwas stilvoller, dafür aber nicht billig, mit einem* ***Fiaker*** *(Pferdekutsche, s. S. 128) befahren. Die Ringstraße kann mehr oder weniger als Fortsetzung der alten Wehranlage betrachtet werden. Ab dem 13. Jh. lag in etwa hier die Stadtmauer, die in Folge der ersten Türkenbelagerung 1529 weiter ausgebaut wurde. Erst im Jahre 1857 wurde die Mauer geschliffen und Kaiser Franz Joseph I. (1830–1916) veranlasste an ihrer Stelle einen Boulevard zu errichten. Ab der zweiten Hälfte des 19. Jh. wurden einige der prachtvollsten Bauwerke Wiens gebaut, Parks angelegt und Plätze errichtet. Zu den Highlights entlang der Ringstraße gehören u. a. die vom Jugendstilarchitekten Otto Wagner (1841–1918) erbaute Postsparkasse am Georg-Coch-Platz, das Museum für angewandte Kunst* **8**, *der Stadtpark (s. S. 100), der Schwarzenbergplatz, dahinter der Karlsplatz und die morgenländisch anmutende Karlskirche* **10**, *die Staatsoper* **12** *im Stil der Neorenaissance, die Hofburg* **14** *mit den Grünflächen des Burg- und Volksgartens, der eindrucksvolle Heldenplatz* **16** *und das Naturhistorische* **18** *und Kunsthistorische Museum* **17**, *das Palais Epstein, das Parlament* **19** *im neo-attischen Stil, das Rathaus* **20** *im Stil der flämischen Gotik, das Burgtheater* **21** *sowie das neue Universitätsgebäude. Beachtet werden muss, dass die Ringstraße in Abschnitte unterteilt ist, die jeweils einen eigenen Namen tragen; diese sind im Uhrzeigersinn: Stubenring, Parkring, Schubertring, Kärntner Ring, Opernring, Burgring, Dr.-Karl-Renner-Ring, Universitätsring und Schottenring.*

nale beheimatet. Im Sommer werden die am Kanal gelegenen Grünflächen außerdem in Strandbäder mit aufgeschüttetem Sand und Liegestühlen umfunktioniert, hier unterhalb der Urania ankert ein „Schwimmschiff" und zum Schlemmen und Feiern geht man ins Motto am Fluss (s. S. 87).

Historisch interessant ist der an den Schwedenplatz anschließende Morzinplatz, an dem sich das **Mahnmal für die Opfer der NS-Gewaltherrschaft** befindet. Bei der Gestapo-Dienststelle, die im ehemaligen Hotel Metropol am Morzinplatz untergebracht war, handelte es sich um eine der größten Gestapo-Eintrichtungen mit etwa 900 Mitarbeitern.

› Station Schwedenplatz, diverse Straßenbahnlinien, u. a. Linien 1 und 2

7 Stubentor ★★ [H6]

Dort, wo früher das stark bewachte Stubentor in die ummauerte Stadt führte, ist ein erster möglicher Halt auf der Ringstraßenrundfahrt. Hier liegt der nach dem ehemaligen Wiener Bürgermeister Dr. Karl Lueger (1844–1910) benannte Platz, von dem die

Wollzeile in nordwestlicher Richtung zurück auf die Rotenturmstraße führt. Dr. Karl Luegers Amtszeit war zwar durch zahlreiche kommunale Großprojekte gekennzeichnet, die dem „kleinen Mann" zugutekamen, jedoch war er ein ausgesprochener Antisemit, weshalb das hier errichtete Denkmal bis heute umstritten ist.

Besonders erwähnt werden muss das am Dr.-Karl-Lueger-Platz gelegene **Café Prückel** (s. S. 78), eines der gleichzeitig gemütlichsten und authentischsten Kaffeehäuser der Stadt. Auf der besagten, etwa 600 m langen **Wollzeile** befinden sich außerdem von Osten nach Westen ein paar besuchenswerte Adressen: z. B. auf der Nr. 38 das für den Tafelspitz bekannte Restaurant **Plachutta** (s. S. 80), daneben das traditionsreiche **Kabarett Simpl** (s. S. 90) und weiter oben auf der Nr. 10 das durch seine Mehlspeisen berühmte, gemütliche **Café Diglas** (s. S. 78). Vis-à-vis auf der Nr. 11 findet sich die schlichtweg beste Buchhandlung der Stadt namens **Morawa** (s. S. 93). Süßmäuler sollten mindestens einen Blick in die Auslage des Zuckerbäckers **L. Heiner OG** (s. S. 92) auf der Nr. 9 werfen. Wegen der riesigen Portionen nur wirklich Hungrigen empfiehlt sich ein Besuch des berühmtesten Schnitzellokals der Stadt, dem **Figlmüller** (s. S. 79) auf der Nr. 5, unweit der Straße in der kleinen Passage.

043wi Abb.: dk

8 Museum für angewandte Kunst ★ [H6]

Auf dem Stubenring steht das Österreichische Museum für angewandte Kunst und Gegenwartskunst, kurz MAK genannt. Handwerkskunst im Wandel der Zeit bezeichnet wohl am treffendsten, was den Besucher hier erwartet.

Das Gebäude wurde in den Jahren 1866–1871 nach den Plänen von Heinrich von Ferstel im Neorenaissancestil errichtet und war ursprünglich als Vorbildersammlung für Künstler und Industrielle, aber auch als Aus- und Weiterbildungsstätte für Handwerker gedacht. Heute zählt es zu einer der **sensationellsten kunstgewerblichen Sammlungen** Europas, verfügt aber auch über Artefakte der **Gegenwartskunst.** Im Tiefgeschoss befindet sich die Studiensammlung, bei der der Fokus auf bestimmte Materialien (u. a. Glas, Keramik, Metall, Textil usw.) oder Herkunftsregionen der Ausstellungsstücke gelegt wird. Hier ist auch eine Nachbildung der Frankfurter Küche von Margarete Schütte-Lihotzky (1897–2000) zu sehen. Im MAK befindet sich außerdem ein äußerst empfehlenswertes Restaurant, das **Österreicher im MAK** (s. S. 82), in dem der 4-Hauben-Koch Helmut Österreicher heimische Lokaltradition in einem modernen Gasthaus zu moderaten Preisen kredenzt.

› Stubenring 5, U-Bahn-Station Stubentor, Tel. 01 711360, www.mak.at, Di. 10–22, Mi.–So. 10–18 Uhr, Eintritt 12 €, ermäßigt 9 €, Di. 18–22 Uhr Eintritt frei

‹ *Das MAK am Stubenring – ein Mekka der Handwerkskunst*

9 Haus der Musik ★★ [G7]

Mit dem Motto „Hör auf deine Ohren" lädt das erste Klangmuseum überhaupt zu einer Entdeckungsreise in die Welt der Töne ein. Was zuerst vielleicht profan klingen mag, ist jedoch ein äußerst gelungenes und auch für Kinder interessantes Erlebnis in einer didaktisch zeitgemäß aufbereiteten Ausstellung.

Das Museum wurde im Jahre 2000 im Palais Erzherzog Carl eröffnet, in dem vor etwa 200 Jahren der Gründer der Wiener Philharmonischen Konzerte, Otto Nicolai, gewohnt hat, der auch der Komponist der Oper „Die lustigen Weiber von Windsor" ist. Auf 5000 m² setzt sich der Besucher mithilfe interaktiver und multimedialer Präsentationsformen mit Musik und vor allem dem Erleben von Musik auseinander, und zwar von den Anfängen der menschlichen Klangerzeugung bis zu den Stilrichtungen unserer Zeit. Dabei erfährt man auch einiges über die **Lebensgeschichte** und das Schaffen der **großen Komponisten**, die in Wien tätig waren.

› Seilerstätte 30, U-Bahn-Station Stephansplatz oder Karlsplatz, Tel. 01 51648, www.hausdermusik.com, tgl. 10–22 Uhr, Eintritt 13 €, ermäßigt 9 €

Vom Haus der Musik über die Ringstraße kommend, erreicht man den eindrucksvollen **Schwarzenbergplatz** [G/H7], auf dem nach dem Abriss der Stadtmauer 1861 dem in der Völkerschlacht bei Leipzig siegreichen Feldherren **Karl Philipp Fürst Schwarzenberg** ein beeindruckendes

Der Tod in Wien – bedeutende Wiener Friedhöfe

*Irgendwie gehört der Tod nach Wien. Das mag seltsam klingen, aber in der Tat hat man in kaum einer Stadt eine so eng makabre und doch irgendwie gesunde Einstellung zum Ableben wie hier. Zahlreiche Wiener Lieder und Gedichte handeln von diesem Thema, denn „der Wiener hat verstanden, dass das Leben kein Happy End hat", wie der Wiener Schriftsteller Frederic Morton (*1924) feststellte. Wer diese Eigenheit der „Wiener Seele" zumindest ansatzweise erforschen möchte, dem sei der Besuch einer der Friedhöfe der Stadt empfohlen. Der eindrucksvollste ist zweifelsohne der **Zentralfriedhof**, der 1874 eröffnet wurde. Mit einer Fläche von fast 2,5 km² ist er die zweitgrößte Friedhofsanlage Europas, mit rund 3 Mio. Bestatteten – also fast doppelt so viele, wie es lebende Wiener gibt! – ist er sogar mit Abstand die vollste. Hier ruhen viele Prominente wie Ludwig van Beethoven, Johannes Brahms, Johann Strauß (Vater und Sohn), Franz Werfel, Bruno Kreisky, Falco, Udo Jürgens u. v. m.*

› *Straßenbahnhaltestelle Zentralfriedhof 2. Tor (Linie 71 ab dem Schwarzenbergplatz)*

*Auch erwähnt werden muss der leicht gruselige **St. Marxer Friedhof**, der im Jahre 1874 geschlossen wurde – für Verstorbene wohlgemerkt, Besucher sind willkommen – und seit vielen Jahrzehnten unter Denkmalschutz steht. Die wohl bekannteste Grabstätte auf diesem Friedhof ist jene des Komponisten Wolfgang Amadeus Mozart.*

› *Bushaltestelle Sankt Marx (Linie 74A ab Landstraße)*

044wi Abb.: mw

Reiterdenkmal errichtet wurde. Von hier aus kann man mit der Straßenbahnlinie 71 – im Volksmund gerne „Friedhofslinie" genannt – bis zum Wiener Zentralfriedhof oder mit der Linie D zum Schloss Belvedere 27 gelangen. Ganz im Süden, hinter dem abends farblich beleuchteten Hochstrahlbrunnen, wird der Schwarzenbergplatz durch das **Heldendenkmal der Roten Armee** begrenzt. Dieses im stalinistischen Stil militärisch bedrohlich anmutende Monument wurde im August 1945 zu Ehren der sowjetischen Befreier errichtet.

Eines der beliebtesten Fotomotive der Stadt: die Karlskirche mit dem davor liegenden Wasserbecken

10 Karlsplatz und Karlskirche ★★ [G7]

Wie eine Fata Morgana aus dem Morgenland wirkt die Kirche jenseits der Ringstraße in der sonst so typisch mitteleuropäischen Umgebung. Aber keine Sorge, Sie sind immer noch in Wien und stehen vor einem der außergewöhnlichsten Sakralbauten der Stadt.

Etwa 200 m außerhalb des Zentrums und südlich des Kärntner-Rings gelegen, befindet sich der lang gestreckte, durch die Regulierung und Überplattung des Wienflusses im ausgehenden 19. Jh. entstandene und nach Kaiser Karl VI. benannte **Karlsplatz.** Die größte Fläche des Platzes nimmt an der Nordseite der **Resselpark** ein, der für die Wiener häufig mit **Drogenhandel und -konsum** in Verbindung gebracht wird. Ein Grund, weshalb es hier zu jeder Zeit ein erhöhtes **Polizeiaufgebot** gibt.

An der Westseite wird der Karlsplatz vom Hauptgebäude der Technischen Universität (TU Wien) und der Evangelischen Schule begrenzt. Im Norden trennt die sechsspurige Lothringerstraße die Gründerzeitgebäude des **Wiener Musikvereins** (s. S. 91), des Künstlerhauses und der Handelsakademie vom Rest des Platzes ab. Herzstück und Hauptgrund eines Besuchs ist jedoch die hinter dem mit einer Plastik des britischen Bildhauers Henry Moore gestalteten Wasserbecken gelegene, morgenländisch anmutende Karlskirche.

Bei der **Karlskirche** handelt es sich um einen der bedeutendsten barockklassizistischen Sakralbauten nördlich der Alpen. Die Idee zum Bau der Kirche geht auf das Jahr 1713 zurück, als Wien noch im Schock der kurz vorher grassierenden **Pestepidemie** stand (8000 Menschen fanden dadurch ihren Tod) und Kaiser Karl VI. (1685–1740) gelobte, für seinen Namenspatron, den Pestheiligen Karl Borromäus, eine Kirche zu errichten. Den Auftrag zur Gestaltung des Gotteshauses erhielt durch einen ausgeschriebenen Architekturwettbewerb Johann Bernhard Fischer von Erlach. 1716 erfolgte die Grundsteinlegung, jedoch sollte die Fertigstellung bis zum Jahre 1737 dauern. Bis ins Jahr 1918 war die Karlskirche kaiserliche Patronatspfarrkirche. Äußerlich präsentiert sie sich als monumentales Bauwerk, bei dem die Architektur einerseits der des alten Griechenlands, aber auch der antiken-römischen entlehnt ist.

Als spektakulärste Besonderheit gilt aber die **Kuppel** in Form eines verlängerten Ellipsoids, die flankierenden **Reliefsäulen** und die beiden **Glockentürme**, bei denen klare orientalische Einflüsse zu erkennen sind. Auch das üppig gestaltete Innere der Karlskirche ist einen Besuch wert. Hauptaugenmerk sollte hierbei der im Stil des Barock konzipierte, hauptsächlich in Marmor gehaltene **Hochaltar** sein, der mit einem spiralförmigen Stuckrelief verziert ist, dass den hl. Borromäus zeigt, wie er von Cherubinen und Engeln begleitet gen Himmel aufsteigt. Besonders ist auch das von Johann Michael Rottmayr geschaffene **Kuppelfresko**, das ebenfalls den hl. Borromäus darstellt, der eine Fürbitte an die Dreieinigkeit ausspricht, die Bevölkerung von der Pest zu verschonen und dabei von der hl. Maria unterstützt wird. Dieses Fresko kann auch aus der Nähe betrachtet werden, denn ein **Panoramaaufzug** hebt den Besucher gut 32 m über Bodenniveau zur Kuppel.

› Karlsplatz, U-Bahn-Station Karlsplatz, Tel. 01 5046187, www.karlskirche.at, Mo.–Sa. 9–18 Uhr, So. und feiertags 12–19 Uhr, Eintritt 8 €, erm. 4 €

Der Jugendstil – eine neue Kunst wird geboren!

Ab Ende des 19. Jh. fegte über etwa 20 Jahre lang ein neuer Wind durch die europäische Kunstszene. Ausgelöst durch die ***Arts-and-Crafts-Bewegung*** *in England sollte sich bald auf dem ganzen Alten Kontinent unter vielen Künstlern der Wunsch breitmachen, den bis dato dominierenden* ***Historismus*** *durch etwas Neues zu ersetzen: der Jugendstil war geboren. Spricht man heute von dieser Kunstrichtung, meint man meist die fantasievoll verspielten Werke mit ihren dekorativen, geschwungenen Linien und Symmetrien, die durch Gold unterstützten Farbspielereien sowie flächenhafte florale Ornamentik. Doch darf man dabei nicht vergessen, dass der Jugendstil keineswegs eine homogene Bewegung war.*

Wien *war ab 1897 eines der absoluten Zentren des auch Art nouveau genannten Stils, vorangetrieben vor allem durch die Zeitschrift Ver Sacrum und die* ***Secessionisten.*** *Diese waren eine Vereinigung bildender Künstler, die von Hermann Bahr, Josef Engelhart, Josef Hoffmann, Gustav Klimt, Max Kurzweil, Wilhem List, Koloman Moser, Joseph Maria Olbrich, Ernst Stöhr und anderen als Gegenbewegung zu den Schaffenden des konservativeren* ***Künstlerhauses*** *gegründet wurde.*

11 Secession ★★ [F7]

Am westlichen Ende des Karlsplatzes steht eines der faszinierendsten Bauwerke des Wiener Jugendstils: die Secession. Das ausschließlich in gold und weiß gehaltene geometrisch simple Gebäude ist durch seine außerordentliche Ornamentik, wie z. B. die den Eingang zierenden sog. Gorgonenhäupter, aber auch durch den aufgesetzten Kubus, in dem eine aus 3000 vergoldeten Lorbeerblättern bestehende Kuppel sitzt, prachtvoll anzusehen.

Dieses Bauwerk wurde 1898 von Joseph Maria Olbrich als **Ausstellungshaus** der „Secessionisten" entworfen und erntete nach seiner Fertigstellung zuerst gehörig Kritik und Spott. Besonderes Aufsehen erregte danach die 14. Ausstellung der Secession im Jahre 1902, die dem Komponisten Ludwig van Beethoven gewidmet war und von der immer noch das von **Gustav Klimt** geschaffene 34 m lange **Beethovenfries** erhalten ist, das die Neunte Symphonie thematisiert und zweifelsohne das künstlerische Herzstück der Räumlichkeiten darstellt. Bis heute finden in der Secession wechselnde Ausstellungen und Veranstaltungen statt. Außerdem gibt es einen gut sortierten Museumsshop mit Büchern, Katalogen und reichlich Klimt-Postern.

› Friedrichstraße 12, U-Bahn-Station Karlsplatz, www.secession.at, Tel. 01 5875307, Di.–So. 10–18 Uhr, Eintritt 9,50 €, erm. 6 €

Museum und Symbol einer ganzen Kunstepoche zugleich: die Secession im Stil des Wiener Jugendstils

Südlich der Secession beginnt der, hier bereits zum 4. Bezirk gehörende, **Naschmarkt** 28.

⑫ Wiener Staatsoper ★★★ [G7]

Wiens Image als „Hauptstadt der Musik" wird wohl nirgends besser widergespiegelt als in der Staatsoper. Als eines der wichtigsten und ruhmreichsten Opernhäuser der Welt ist für Sänger, Tänzer, Musiker, Kapellmeister, Regisseure und Intendanten eine Aufführung hier seit knapp 150 Jahren gleichbedeutend mit dem ultimativen Erfolg und es gibt kaum jemanden auf der Liste des „Who is Who" der Oper, der Operette und des Balletts, der hier nicht bereits auf den Brettern stand.

Wer es auf der Adresse Opernring 2 geschafft hat, der geht offiziell in die Annalen der internationalen Musikgeschichte ein. Ein Besuch in diesem Traditionshaus sollte definitiv zu einer Wienreise gehören. Das Gute dabei ist, dass ein solcher Besuch **nicht teuer** sein muss, denn ähnlich wie in anderen Kulturstätten der Stadt gibt es auch hier von den Stehplätzen (ab 2 €) bis zu exklusiven Logenplätzen (bis zu etwa 200 €) jede erdenkliche Preiskategorie.

Das Gebäude wurde zwischen 1861 und 1869 nach den Plänen der Architekten August Sicard von Sicardsburg und Eduard van der Nüll im Stil der **Neorenaissance** errichtet und war damit der erste Prachtbau auf der Ringstraße. Besonders aufwendig waren die Steinmetzarbeiten, für die **ungeheure Mengen an Naturstein** aus diversen Landesteilen Österreichs und Ungarns nach Wien gebracht werden mussten. Anfangs war die Wiener Öffentlichkeit übrigens alles andere als begeistert von dem neuen Opernhaus und man nannte es spöttisch – in Analogie zum militä-

In jeder Hinsicht ein Erlebnis der Superklasse: die Wiener Staatsoper

rischen Desaster von 1866 – „Königgrätz der Baukunst“, weshalb van der Nüll noch vor Fertigstellung des Baus den Freitod wählte.

Am 25. Mai 1869 wurde die Eröffnung mit einer Premiere von Mozarts „Don Juan“ gefeiert und das Opernhaus bestand in Folge in seiner ursprünglichen Form bis 1945. Am 12. März jenes Jahres fiel dann das alte Gebäude fast komplett (sieht man von der Vorderfront ab) amerikanischen **Bombardements** – die eigentlich einer Raffinerie in Floridsdorf gelten sollten – zum Opfer und brannte völlig aus. Nach dem Zweiten Weltkrieg ging der **Wiederaufbau der Staatsoper** sehr schleppend voran und es sollte bis zum 5. November 1955 dauern, bis sie mit Beethovens „Fidelio“ unter der Leitung von Karl Böhm neu eröffnet wurde.

Fast ebenso berühmt wie das Opernhaus selbst ist der alljährlich am letzten Donnerstag im Fasching stattfindende **Opernball**, bei dem sich Prominenz aus Politik und Wirtschaft, von einer enormen Medienpräsenz begleitet, ein ausgelassenes Stelldichein gibt. Diese Veranstaltung mag für viele Teilnehmer und TV-Voyeuristen an vergangene Zeiten der k. u. k. Monarchie erinnern, andere sehen darin jedoch nichts weiter als ein selbstgefälliges, reaktionäres Schauspiel der High Society, weshalb es seit 1968 auch regelmäßig eine **Opernballdemonstration** vor dem Gebäude gibt. Wer nicht auf den Opernball eingeladen wurde und keine Zeit hat, die Staatsoper anlässlich einer abendlichen Vorstellung zu besuchen, aber trotzdem das sehenswerte Innere mit seiner prachtvollen **Prunktreppe**, dem **Schwind-Foyer** mit seinen Ölgemälden, dem üppig verzierten **Teesalon** oder dem **Zuschauerraum** mit seinen 2880 Sitzplätzen nicht verpassen möchte, der muss sich einer Führung (4,50 €) anschließen.

› Opernring 2, U-Bahn-Station Karlsplatz oder Stephansplatz bzw. Straßenbahnhaltestelle Kärntner Ring, Oper, Tel. 01 514442606 (für Führungen), Tel. 01 5131513 (für Kartenreservierungen), www.wiener-staatsoper.at. Die Homepage gibt auch Auskunft über die bevorstehenden Führungen. Kostenpunkt: 7,50 €, ermäßigt 3,50 €. Kartenvorverkauf: Sitzplätze sind vor Ort und online im Vorverkauf verfügbar, Stehplätze nur am Tag der Vorstellung. An der Ostseite des Gebäudes werden die Vorstellungen kostenlos auf einer Leinwand übertragen.

13 Kunstsammlung Albertina ★★ [G7]

Nordwestlich hinter der Staatsoper befindet sich das zwischen 1999 und 2003 komplett neu gestaltete Palais Erzherzog Albrecht mit der Kunstsammlung Albertina, bei der es sich um eine der größten und bedeutendsten grafischen Sammlungen der Welt handelt.

Besonders auffällig ist der, von Hans Hollein entworfene und von außen über eine Rolltreppe erreichbare, **Eingangsbereich** im ersten Stock und das darüber gespannte 64 m lange **Schwebedach aus Titan.** Die hier ausgestellten und archivierten Exponate reichen von der **Spätgotik bis zur zeitgenössischen Kunst** und beinhalten unter anderem Werke von Albrecht Dürer (1471–1528), aber auch von österreichischen Künstlern wie Oskar Kokoschka (1886–1980), Gustav Klimt (1862–1918) oder Egon Schiele (1890–1918).

Besonders bekannt ist die Albertina aber auch für ihre zeitlich befristeten Expositionen. Die Ausstellungsgeschichte der Sammlung geht auf den Herzog Albert Kasimir von Sachsen-Teschen zurück, der in den 1770er-Jahren die Artefakte das erste Mal dem Adel vorführte. Erst im Jahre 1822 wurde die Sammlung dann auch der Öffentlichkeit zugänglich gemacht, wobei der Besuch daran geknüpft war, dass die Besucher über eigene Schuhe verfügen mussten; ein Privileg, das damals ja nicht alle Bevölkerungsgruppen hatten. Zwar achtet heute niemand mehr auf das Detail an den Füßen, aber bei etwa **65.000 Zeichnungen, Fotografien und über 1 Mio. Druckgrafiken** in den drei Sälen sind bequeme Schuhe für einen Besuch nach wie vor mehr als empfehlenswert.

› Albertinaplatz 1, U-Bahn-Station Stephansplatz oder Straßenbahnhaltestelle Kärntner Ring, Oper, Tel. 01 534830, www.albertina.at, tägl. 10–18 Uhr, Mi. 10–21 Uhr, Eintritt 12,90 €, erm. 9,90 €

Wer sich nach dem Besuch der Albertina stärken möchte, hat in unmittelbarer Umgebung mehrere Möglichkeiten dazu. Neben der Kunstsammlung, praktisch im gleichen Gebäude nur auf Straßenhöhe, liegt der **Augustinerkeller** (s. S. 84), in dem es meist sehr lebhaft zugeht. Um die Gunst der Kaffeetrinker buhlen das **Café Mozart** auf dem Albertinaplatz und das Traditionscafé des **Hotel Sacher** (s. S. 132) in der angrenzenden Philharmonikerstraße.

047wi Abb.: mw

Schlichtweg eindrucksvoll – der durch ein Titandach überspannte Eingangsbereich der Albertina

Auf dem Albertinaplatz befindet sich außerdem das 1988 vom Wiener Künstler Alfred Hrdlicka konzipierte **Mahnmal gegen Krieg und Faschismus**, das nicht ohne Grund an dieser Stelle errichtet wurde. Denn hier stand der Philipp-Hof, ein Wohnbau aus der Gründerzeit, der während eines Bombenangriffs am 12. März 1945 komplett zerstört wurde und Hunderte Menschen das Leben kostete.

14 Hofburg ★★★ [G6]

Das spektakulärste Bauwerk aus der Kaiserzeit inmitten der Inneren Stadt ist die ehemalige Residenz der Regierenden, die Wiener Hofburg. Zwischen 1438 und 1583 sowie von 1612 bis 1806 waren hier die Privatgemächer der Könige und Kaiser des Heiligen Römischen Reiches bzw. die der Habsburger untergebracht. Heute fungiert die Hofburg u. a. als

Amtssitz des österreichischen Bundespräsidenten, Sitz der österreichischen Nationalbibliothek sowie als Tagungs- und Konferenzort der OSZE-Versammlung.

Ein (kostenloser) Spaziergang durch den gigantischen Gebäudekomplex, der mehrere Bauten mit insgesamt über 2600 Räumen umfasst, sollte zu jedem Wienbesuch gehören. Er ist besonders dadurch interessant, dass sich hier die verschiedenen Bauepochen der diversen Reiche widerspiegeln, denn praktisch jeder Herrscher erweiterte die Hofburg im Stil seiner jeweiligen Zeit.

Den ältesten Teil des Areals bildet der **Schweizertrakt** mit dem Schweizerhof, dessen Gründung wohl auf das 13. Jh. zurückgeht und wahrscheinlich von den Babenbergern angelegt wurde. In diesem in der Mitte der Burg gelegenen Trakt befindet sich sowohl die **gotische Burgkapelle** als auch die **Schatzkammer** (s. S. 73), in der sich der wichtigste Kronschatz aus dem Mittelalter befindet: die Insignien und Kleinodien des Heiligen Römischen Reichs mit der Reichskrone und der Heiligen Lanze.

Zu den weiteren Höhepunkten zählen außerdem die Krone Kaiser Rudolfs II. (1552–1612) – die spätere österreichische Kaiserkrone –, die Amtstrachten und andere Kostbarkeiten des Ordens vom Goldenen Vlies. Dazu kommen wertvollste Juwelen – darunter einer der größten Smaragde der Welt –, ein riesiger Narwalzahn, den man für ein Einhorn hielt, und eine spätantike Achatschale, die lange als der sagenumwobene Heilige Gral galt. Gegenüber des von Marmorsäulen und goldenen Inschriften geschmückten Schweizertors befindet sich die im Renaissancestil erbaute **Amalienburg**, auch **Amalientrakt**, die nach Amalie Wilhelmine, der Witwe Kaiser Josephs I., benannt wurde. Hier kann man deren **Kaiserappartements** besichtigen. Die Verbindung zwischen der Amalienburg und dem Schweizerhof bildet der Leopoldinische Trakt, unter dem früher der riesige Weinkeller der Burg lag und in dem sich heute die Arbeitsräume des Bundespräsidenten befinden. Am davor liegenden Ballhausplatz befindet sich mit dem Bundeskanzleramt der Amtssitz des Bundeskanzlers.

Der Schweizertrakt, die Amalienburg, der Leopoldinische Trakt sowie der sog. Reichskanzleitrakt bilden einen Hof, in dessen Mitte sich die bronzene Statue Kaiser Franz' I. (1708–1765) befindet, der hier wie ein römischer Kaiser dargestellt ist.

Der nördliche Teil der Hofburg besteht in erster Linie aus dem **Michaelertrakt**, der durch das majestätische **Michaelertor** vom Michaelerplatz her begehbar ist. Besonders

⊡ Kaiser Franz I. hält seine schützende Hand heute nur noch über die fotografierenden Touristen

auffällig sind die **goldverzierte Kuppel** über dem Tor und die überdimensionalen Skulpturen auf den **beiden Brunnen** an den Flanken des Tores. Auf dem Michaelerplatz befinden sich **Ausgrabungen einer römischen Siedlung.**

Der hinter dem Tor liegende Michaelertrakt wurde erst 1889 bis 1893 von Ferdinand Kirschner erbaut und beherbergt heute das **Sisi Museum** (s. S. 73) sowie dahinter die **Silberkammer,** in der sich der verschwenderische Luxus imperialer Tafelkultur besichtigen lässt. Ausgestellt werden neben prunkvollen Service und kostbarem Porzellan auch so einige Raritäten, wie die einen Quadratmeter messende Kaiserserviette aus Damast.

Im zentralen Bereich der Hofburg liegt der Festsaaltrakt mit dem Zeremoniensaal, dem Wintergarten und weiteren Räumen, die heute meist als Kongresszentrum der OSZE verwendet werden, aber in der **Ballsaison** (Januar–Februar) häufig auch der Öffentlichkeit zugänglich werden.

Die Wiener Hofburg beherbergt außerdem die **Österreichische Nationalbibliothek.** Einen Teil des Gebäudes bildet die ursprüngliche, von Kaiser Karl VI. (1685–1740) gegründete Hofbibliothek (Eingang über den Josefsplatz), wo sich der zu besichtigende barocke **Prunksaal** mit einem Deckenfresko und diversen Kaiserstandbildern befindet. Der weitaus größere Teil der Nationalbibliothek liegt jedoch in dem als Neue Hofburg bekannten Südwestflügel direkt am Heldenplatz 16. Die Nationalbibliothek ist die zentrale wissenschaftliche Bibliothek des Landes und verfügt neben einer enormen Sammlung an Büchern (im Prunksaal alleine stehen ca. 200.000), u. a. über 180.000 Papyri, sämtliche jemals in Österreich verlegten Druckwerke sowie alle hier von Universitäten approbierten wissenschaftlichen Werke wie Diplomarbeiten oder Habilitationsschriften.

› Innerer Burghof/Kaisertor 1, U-Bahn-Station Herrengasse, Tel. 01 5337570, www.hofburg-wien.at, tgl. 9–17.30 Uhr (Juli und August 9–18 Uhr), Eintritt 12,90 €, ermäßigt 11,90 €

› Der Erwerb einer Eintrittskarte berechtigt zum Besuch der drei Highlights: **Sisi Museum, Kaiserappartements** und **Silberkammer.** Nur die Schatzkammer muss gesondert gezahlt werden.

› **Österreichische Nationalbibliothek,** Heldenplatz, Neue Burg, Haupteingang über den Heldenplatz bzw. über den Josefsplatz (für den Prunksaal), U-Bahn-Station Herrengasse oder Straßenbahn-Haltestelle Dr.-Karl-Renner-Ring, Tel. 01 53410394, www.onb.ac.at, Di.–So. 10–18, Do bis 21 Uhr, Eintritt 7 €, ermäßigt 4,50 €

15 Spanische Hofreitschule ★ [G6]

Die klassischen Reitshows auf den stolzen Lipizzanerhengsten sind legendär und stellen für Pferdefreaks sicherlich einen der Höhepunkte des Hofburgbesuchs dar. Billig sind die Shows allerdings nicht und man sollte sich rechtzeitig um die Karten bemühen.

Der südlich vom Michaelertor und am Josefsplatz gelegene Teil der Hofburg wurde ursprünglich als Residenz für Maximilian II. (1564–1576) erbaut. Später dann beherbergte er die Sammlung des kunstsinnigen Bruders Kaiser Ferdinands III. (1608–1657). Erst als die Sammlung in die Räumlichkeiten des Kunsthistorischen Museums ausgelagert wurde, richtete man hier die Stallungen für die kaiserlichen Pferde ein. Heute befindet sich in der sog. **Stallburg** die älteste klassische Reitinstitution der Welt: die **Spanische Hofreitschule.**

Diese ursprünglich der reiterlichen Ausbildung der kaiserlichen Familie dienende Schule ist die einzige Institution der Welt, in der die klassische Reitkunst in der Renaissancetradition seit über 430 Jahren unverändert gepflegt wird. Bei den hier stattfindenden **Vorführungen** kann man sich ein Bild von der Harmonie zwischen Reiter und Pferd und den enorm präzisen und eleganten Gangarten der Tiere machen. Im **Privatissimum** genannten Teil wird auch ein kleiner Einblick in die tägliche Trainingsarbeit von Pferd und Reiter gegeben. Auch das Interieur der Reithalle mit der noch existierenden **Kaiserloge** sowie das Porträt des Gründers der Reitschule, Kaiser Karl VI., sind sehenswert. Im Sommer finden die Vorführungen allerdings im Hof neben der Reitschule im Freien statt.

Wer keine Tickets mehr bekommen hat oder wem die Zeit fehlt, der muss trotzdem nicht auf den Anblick der stolzen Hengste verzichten. In der angrenzenden Reitschulgasse kann man nämlich durch die großen Glasfenster einen kostenlosen Blick auf die Stallungen erhaschen.

› Haupteingang über den Michaelerplatz 1 (im Michaelertor), U-Bahn-Station Herrengasse, www.srs.at, Tel. 01 5339031, Vorführungstermine im Internet zu entnehmen, Eintritt: je nach Platzkategorie zwischen 25 und 180 €

Ein Besuch des Heldenplatzes lohnt schon allein wegen des 180-Grad-Blicks auf die Prachtbauten der Ringstraße

049wi Abb.: mw

16 Heldenplatz ★ [F6]

Direkt vor der Nationalbibliothek – kurz ÖNB – liegt der gewaltige Heldenplatz, der unter Kaiser Franz Joseph I. (1830–1916) als Teil des angedachten, aber nie komplett vollendeten Kaiserforums konzipiert wurde. Den Abschluss des Heldenplatzes bildet das Äußere Burgtor, das als Denkmal für die gefallenen Soldaten der Napoleonischen Kriege errichtet wurde, und im Norden schließt der erholsame Volksgarten (s. S. 100) an. Seinen Namen hat der Platz von den beiden hier befindlichen **Reiterdenkmälern**, die als Glorifizierung der Habsburgerdynastie und ihrer militärischen Erfolge dienten. Das ältere der beiden zeigt den **Erzherzog Karl von Österreich** (1771–1847) – der Napoleon die erste Niederlage auf dem Schlachtfeld zufügte –, dessen Pferd, statisch beachtlich, nur auf den beiden Hinterbeinen steht.

Im Jahre 1865, also fünf Jahre nach seinem Vorgänger, wurde außerdem vis-à-vis das Pendant fertiggestellt, das **Prinz Eugen von Savoyen** (1663–1736) zeigt – den Bezwinger der Türken. Jedoch musste der Bildhauer hier das Gewicht der Pferdestatue mit dem Schweif auf dem Sockel abstützen. „Glück“ im militärischen Sinne brachten die Statuen übrigens nicht, denn kurz vor der Enthüllung des ersten Denkmals unterlag Österreich Italien in der Schlacht von Solferino und nach der Enthüllung der zweiten Statue verlor die österreichische Armee kläglich gegen die Preußen in der Schlacht bei Königgrätz.

Traurige Berühmtheit erlangte der Heldenplatz außerdem am **15. März 1938**, als Adolf Hitler unter dem Jubel Zehntausender Menschen „den Eintritt meiner Heimat in das Deutsche Reich“ vom Balkon der Österreichischen Nationalbibliothek aus proklamierte.

Wegen Umbaumaßnahmen werden die Angestellten des Parlaments 19 bis Mitte 2020 in Container auf dem Heldenplatz ausgesiedelt.

17 Kunsthistorisches Museum ★★★ [F7]

Im Zuge des Stadtausbaus in den 1860er-Jahren kam es zur letzten großen Erweiterung der Burg. Kaiser Franz Joseph I. gab 1864 den Bau zweier äußerlich gleicher Gebäude – südlich und nördlich des Maria-Theresien-Platzes – in Auftrag, die der Kunst und der Wissenschaft gewidmet wurden: das Kunsthistorische und das Naturhistorische Hofmuseum, zusammen oftmals nur „Neue Burg“ genannt. Das Kunsthistorische Museum – oft als KHM abgekürzt – beherbergt die Kunstschätze der Habsburger.

Das Herzstück des Museums ist zweifelsohne die im Haupthaus befindliche Gemäldegalerie, in der die

Porträt- und Harnischsammlung Ferdinands II. von Tirol (1529–1595) sowie die Gemäldesammlungen von Kaiser Rudolf II. (1552–1612) und Erzherzog Leopold Wilhelm (1614–1662) zusammengefasst sind. Besonders kunstinteressierte Besucher sollten mindestens einen halben Tag für die Besichtigung des KHM veranschlagen. Wer nur wenig Zeit hat, sollte sich zumindest zwei Stunden gönnen, um die sehenswertesten Ausstellungsstücke zu bewundern. Dazu gehören bedeutende **Werke der Großen Meister:** Beispielsweise Giuseppe Arcimboldos „Sommer“ und andere seiner Werke mit Köpfen aus Gemüse und Obst, die „Bauernhochzeit“ von Pieter Brueghel dem Älteren, Tizians „Kirschen-Madonna“, Rembrandts „Selbstporträt“, Peter Paul Rubens' „Pelzchen“ oder Albrecht Dürers „Maria und die Birne“. Außerdem im Haupthaus befinden sich die Ägyptisch-Orientalische Sammlung, die Antikensammlung, die Kunstkammer sowie das Münzkabinett, in denen antike Kunstwerke aus Ägypten, dem Römischen Reich und Griechenland sowie Exponate wie Kaiserin Maria Theresias Frühstücksservice und viele andere ausgestellt sind.

Wen keines dieser Themen ausgesprochen interessieren sollte, kann sich getrost auf die oben beschriebene Gemäldegalerie beschränken. Dies gilt auch großteils für die anderen Ausstellungen, denn zum KHM gehören ebenfalls die Sammlungen alter Musikinstrumente, die Hofjagd- und Rüstkammer sowie das Ephesos-Museum in der Neuen Burg, die Schatzkammer (s. S. 73) der Habsburger in der Hofburg, das Theatermuseum im Palais Lobkowitz, das Weltmuseum Wien und die in einem Nebengebäude von Schloss Schönbrunn 33 gelegene Wagenburg.

› Maria-Theresien-Platz, U-Bahn-Station Babenberger Straße oder Volkstheater, Tel. 01 525240, www.khm.at, Juni–Aug. tägl., Sept.–Mai Di.–So. 10–18, Do. jeweils bis 21 Uhr, 15 €, erm. 11 €

18 Naturhistorisches Museum ★★ [F6]

Gegenüber des KHM befindet sich das Naturhistorische Museum, das 1889 eröffnet wurde und in dem ursprünglich nur die **Naturaliensammlungen** (wie Edelsteine, Korallen, Mineralien, Muscheln, Schnecken usw.) der Habsburger untergebracht waren. Im Laufe der Jahrzehnte wurde es erweitert und verfügt heute u. a. über jeweils eine geologisch-paläontologische, mineralogische, zoologische, botanische, anthropologische und prähistorische Abteilung. Das Naturhistorische Museum ist mit 39 Schauräumen und 20 Mio. Exponaten – davon viele Skelette, Fossilien und ausgestopfte Tiere in Glasvitrinen oder sorgfältig präparierte Insekten in Leuchtkästen – eines der größten Österreichs (Besuchszeit: mind. zwei Stunden) und mit mehr als 400.000 Besuchern jährlich auch eines der erfolgreichsten.

EXTRATIPP

Schlemmen im Museum!

Ein Erlebnis der Extraklasse sind die jeden Donnerstag ab 18.30 Uhr im prunkvollen Ambiente der Kuppelhalle des Naturhistorischen Museums 18 abgehaltenen Gourmet-Abende (Kostenpunkt 55 € p. P. zzgl. Museumseintritt – frühzeitige Reservierung notwendig). Mehr Informationen gibts es im Museum oder über www.genussim-museum.at.

Aber es wirkt ein bisschen wie eine teilweise nicht mehr ganz zeitgemäße, leicht verstaubte Einführung in die Welt der Natur. Diese an die Zeit Alexander von Humboldts erinnernde Didaktik mag im Zeichen des Cyberüberflusses wieder einen gewissen Reiz haben, eine interaktive Erlebniswelt darf man hier jedoch nicht erwarten. Besonders die **Dinosaurierabteilung** dürfte bei Kindern Begeisterung hervorrufen und sehenswert ist auch die 25.000 Jahre alte Venus von Willendorf, die vor über 200 Jahren ausgestorbene Stellersche Seekuh und baulich das Zentrum des Gebäudes mit der **60 m hohen Kuppel**, die den griechischen Sonnengott Helios zeigt.

› Maria-Theresien-Platz, U-Bahn-Station Volkstheater oder Babenberger Straße, Tel. 01 521770, www.nhm-wien.ac.at, Do.–Mo. 9–18.30 Uhr, Mi. 9–21 Uhr, Eintritt 10 €, ermäßigt 8 €, Kinder/Jugendliche unter 19 Jahre frei

19 Parlament ★★ [F6]

Ebenfalls auf der Ringstraße befindet sich das 1874–1883 vom dänischen Baumeister Theophil von Hansen gebaute, prachtvolle Parlamentsgebäude, das einem antiken griechischen Tempel nachempfunden ist.

Hier tagen die beiden Kammern des österreichischen Parlaments: der **Nationalrat** und der **Bundesrat.** Im Nationalrat sitzen 183 gewählte Mandatare (Abgeordnete), die sich je nach Parteizugehörigkeit in Klubs (Fraktionen) organisieren. Der Bundesrat hat 61 Sitze und wird von den Landtagen der neun Bundesländer gestellt. Zwar kann das Parlament besucht werden und beinhaltet interaktive Räume mit aufschlussreichen Infos zur Demokratiebewegung in Österreich und der alten Donaumonarchie, besonders interessant ist es jedoch von außen, und zwar im **architektonischen Sinne.** Bis heute zeigt der Giebel des Gebäudes die Symbole der 14 k. u. k. Kronländer. Vor dem Parlament befinden sich zwei Auffahrtsrampen, an deren unteren Enden Bronzestatuen stehen.

Das Wahrzeichen des Parlaments ist der ebenfalls von Theophil von Hansen entworfene **Pallas-Athene-Brunnen** vor dem Parlament. Die vier hier liegenden Figuren stellen die vier wichtigsten Flüsse des Kaiserreiches dar: die Donau als Frau und der Inn als bärtiger Mann, die beiden dahinter liegenden Gestalten personifizieren Moldau und Elbe. Darüber sieht man zwei weitere Frauenfiguren, die die gesetzgebende und die vollziehende Gewalt darstellen. In der Mitte des Brunnens steht die 4 Meter hohe Pallas Athene – die griechische **Göttin der Weisheit** –, die in der linken Hand einen Speer und in der rechten die Siegesgöttin Nike hält. Die Tatsache, dass Pallas Athene dem Parlament den Rücken zukehrt, ist Grund für Witze unter der Bevölkerung.

Ab Sommer 2017 ist das **Parlament wegen Umbauten bis voraussichtlich Mitte 2020 geschlossen.** Das gilt auch für das Besucherzentrum. Die Angestellten des Parlaments werden in Container auf dem Heldenplatz ausgesiedelt. Die Plenarsitzungen finden dann in der Hofburg statt – den Plenarsaal wird man dort besuchen können.

› Dr.-Karl-Renner-Ring 3, U-Bahn-Station Volkstheater, www.parlament.gv.at, Tel. 01 401102400, Parlamentsführungen Mitte Juli–Anf. Sept. Mo.–Sa. 11–16 Uhr stündlich, Anf. Sept.–Mitte Juli Mo.–Do. 11, 14, 15, 16 Uhr, Fr. auch 13 Uhr, Sa. auch 12 Uhr, Eintritt 5 €/erm. 2,50 €, bis 19 Jahre frei

20 Rathaus und Rathausplatz ★★ [F6]

Neben dem Parlament, nur durch die Stadiongasse getrennt, erstreckt sich der Rathauspark mit dem dahinter liegenden Wiener Rathaus, in dem der Bürgermeister und der Wiener Gemeinderat ihre Büros haben.

Dieses **gewaltige Bauwerk** wurde zwischen 1872 und 1883 vom deutschen Architekten Friedrich von Schmidt im Stil der **Neugotik** gebaut. Inspirieren ließ sich von Schmidt dabei von der Tradition der flämischen Rathäuser. Als die Fläche und die Einwohnerzahl Wiens in der Mitte des 19. Jh. durch die Eingemeindung zahlreicher Vorstädte und die Immigration von Menschen aus allen Teilen der Monarchie erheblich anstieg, wurde es schnell notwendig, der Stadt ein repräsentatives Rathaus zu schaffen.

Das Ergebnis ist dieses monumentale Gebäude mit seiner Grundfläche von 19.592 m² (es misst stattliche 152 m Länge und 127 m Breite), den 1575 Räumen mit ihren insgesamt 2035 Fenstern und dem **105 m hohen Turm.** Das Wahrzeichen des Rathauses ist der **Rathausmann**, eine 3,5 m hohe Eisenfigur, die auf der Spitze des Turms steht (eine naturgetreue Nachbildung befindet sich am Rathausplatz). Als Besucher kann man das sehenswerte Innere des Rathauses im Rahmen einer Führung oder auf einer hier stattfindenden Veranstaltung – immerhin gibt es davon etwa 800 – besichtigen.

Viel gefeiert wird aber auch vor dem Gebäude, z. B. in der Vorweihnachtszeit, wenn hier der **lebendigste Christkindlmarkt** der Stadt steht – die Spitzbogenfenster des Gebäudes werden dann in einen riesigen Adventskalender umfunktioniert. Von Mitte Januar bis Anfang März findet hier außerdem der **Wiener Eistraum** statt, bei dem ein Eislaufplatz Groß und Klein zum Schlittschuhlaufen einlädt. Seit 1991 wird im Juli und August auf dem Rathausplatz außerdem das **Filmfestival** gefeiert. Neben zahlreichen Essensständen mit Köstlichkeiten aus aller Welt werden auf einer riesigen Leinwand Fil-

051wi Abb.: mw

me und Konzertausschnitte mit dem Schwerpunkt Klassische Musik gezeigt (kostenfrei).

› Rathausplatz, U-Bahn-Station Rathaus, www.wien.gv.at/verwaltung/rathaus/fuehrung, Tel. 01 52550, Führungen Mo./Mi./Fr. 13 Uhr, Eintritt frei

21 Burgtheater ★★★ [F6]

Hamburg hat das Thalia Theater, New York seinen Broadway, Paris die Comédie Française und Wien das Burgtheater. Diese auch als österreichisches Bundestheater bezeichnete Bühne am Universitätsring gilt als zweitälteste (noch bestehende) Europas und ist das größte Sprechtheater des deutschsprachigen Raums.

Dies mag historische Gründe haben, liegt aber sicherlich auch daran, dass die Wiener generell große Theaterfans sind. Ein Besuch dieses Traditionshauses während eines Wienbesuchs sollte nach Möglichkeit dazugehören. Das ursprüngliche Hoftheater (über dem Haupteingang steht immer noch die alte Aufschrift K. K. Hofburgtheater) befand sich ab 1746 am Michaelerplatz vor der Hofburg, bis es 1888 in das imposante Gebäude im Stil des Neubarock mit Neorenaissancefassade an der Ringstraße übersiedelte. Verantwortlich für den Bau der „Burg", wie sie die Wiener gerne nennen, waren die Architekten Gottfried Semper und Carl von Hasenauer. Allerdings war das Theater ihr letztes gemeinsames Projekt, denn in den 14 Jahren Bauzeit kam es zu reichlich Streitigkeiten, bei denen sich von Hasenauer letztendlich durchsetzen konnte. Nicht zu übersehen ist die Statue von Apollon, die die **Fassade des Mittelhauses** schmückt, sowie die Porträtbüsten berühmter Dichter entlang der beiden Seitenflügel.

Für die Innengestaltung zeichneten mehrere namhafte Künstler verantwortlich, darunter auch Gustav Klimt, der mit seinem Bruder Ernst und Franz Matsch u. a. die **Deckengemälde** in den beiden prunkvollen Treppenhäusern und über dem Eingang zum Zuschauerraum schuf. Im Unterschied zur Staatsoper 12 nahmen die Wiener das prachtvolle neue Gebäude übrigens mit Freude an, wenn auch in den ersten Jahren über die schlechte Akustik geklagt wurde.

Diese Zeiten sind lange vorbei und nachdem das Haus 1945 dem Flammenheer eines Bombenangriffs zum Opfer fiel, öffnete es erst zehn Jahre später am 14. Oktober 1955, dafür in komplett neuer Innenaufmachung, der theaterbegeisterten Öffentlichkeit erneut seine Tore. Bis heute steht die Burg im **Rampenlicht der Wiener Aufmerksamkeit** – nicht zuletzt wegen den diversen Gerüchten und Skandalen um neue Intendanten, Premieren und das Privatleben der Schauspieler – und prägt die Theaterlandschaft Österreichs und des deutschsprachigen Raums generell. Mit über 300.000 Besuchern, mehr als 6 Mio. Euro Einnahmen und einer Auslastung des Hauses zwischen 80 und 90 Prozent jährlich ist es gleichermaßen ein Renner bei Einheimischen und Auswärtigen.

‹ Das beleuchtete Rathaus – wie hier zu Beginn der Wiener Festwochen – ist eine der Hauptattraktionen entlang der Ringstraße

052wi Abb.: mw

Tatsächlich sind die hier gezeigten Aufführungen meist alles andere als traditionsreicher Konservatismus, im Gegenteil, man neigt zu **modernen, durchaus unkonventionellen Aufführungen.**

Wenn es auch nach wie vor als besonders vornehm gilt, „in die Burg" zu gehen (elegante Kleidung ist erwünscht), muss eine Eintrittskarte **nicht zwangsläufig teuer** sein. Das Burgtheater bietet ca. 1340 Zuschauern Platz, wovon 1175 Plätze bestuhlt sind und verschiedenste Preiskategorien (von Parterre bis zur Loge auf der Galerie) haben. Die restlichen Plätze sind äußerst billige Stehplätze (ab 1,50 €). An jedem 20. des Monats beginnt der Kartenvorverkauf für die Vorstellungen des nächsten Monats (auch online möglich, s. u.), wobei **Restkarten zum halben Preis** eine Stunde vor Vorstellungsbeginn verkauft werden. Das Burgtheater verfügt neben der Hauptbühne auch über Nebenbühnen im Akademietheater (Lisztstraße 1, 3. Bezirk) und im Kasino am Schwarzenbergplatz sowie über die Studiobühne Vestibül im Haupthaus unter dem gleichnamigen Spezialitätenrestaurant.

› Universitätsring 2, U-Bahn-Station Herrengasse oder Straßenbahnhaltestelle Rathausplatz/Burgtheater, Tel. Info: 01 514444140, Kasse: 01 514444440, www.burgtheater.at, Führungen tägl. 15 Uhr (7 €, ermäßigt 3,50 €, weitere Infos siehe Website)

22 Am Hof ★ [G6]

Am Ende der Freyung – auf der das gewaltige Schottenstift liegt – führt die Bognergasse linker Hand auf den Am Hof genannten Platz, der zu einem der ältesten und dadurch historisch wichtigsten der Wiener Innenstadt gehört. Die diversen Bürgerhäuser im teilweise barocken, teilweise klassizistischen Stil zeugen zumindest von einigen Epochen, die dieser Platz im Laufe der Jahrhunderte „gesehen" hat.

Er war zwischen 1155 und etwa 1280 die **Residenz der Babenberger,** danach Markt-, Schau- und Richtplatz und immer wieder Ort wichtiger Geschehnisse, wie z.B. am 6. August

1806, als hier das Ende des Heiligen Römischen Reiches verkündet wurde. Bemerkenswert am Platz selber ist das Gebäude der **Zentralen Feuerwache** der Stadt sowie etwas versetzt, im sog. Schulhof gelegen das **Uhrenmuseum** (s. S. 73).

Am nördlichen Ende des Hofes führt eine enge Gasse auf den **Judenplatz**, den Kern des ehemaligen mittelalterlichen Gettos. Hier befindet sich heute eine Außenstelle des Jüdischen Museums (s. S. 70) sowie das beeindruckende **Mahnmal für die Opfer der Shoah**, das im Jahre 2000 von der britischen Künstlerin Rachel Whiteread geschaffen wurde. Kulinarisch erwähnenswert sind das **Schwarze Kameel** (s. S. 84) in der Bognergasse, das im Bistrostil Köstlichkeiten für den kleinen und großen Hunger kredenzt, sowie der seit 1683 bestehende Stadtheurige Esterházykeller (s. S. 85), den man über die Naglergasse erreicht.

Nordwestlich dieser Gegend erstreckt sich bis zum Donaukanal ein wenig besuchtes Stück Wien, das zwar neben der gotischen Kirche **Maria am Gestade** – durch die Börsegasse zu erreichen – keine Sehenswürdigkeiten im klassischen Sinne aufweist, dafür aber durch seine **vielen kleinen Lokale** speziell am Abend durchaus zu empfehlen ist.

› U-Bahn-Station Herrengasse

23 Votivkirche ★ [F5]

Nordwestlich hinter der Universität gelegen und nur durch den Sigmund-Freud-Park von der Ringstraße getrennt, liegt einer der bedeutendsten neugotischen Sakralbauten der Welt: die Votivkirche.

Ihre Gründung ist eng mit dem missglückten **Attentat auf Kaiser Franz Joseph I.** vom 18. Februar 1853 verbunden, bei dem der damals junge Kaiser von János Libényi, einem ungarischen Schneidergesellen und ehemaligem Husaren, mit einem Dolch angegriffen wurde. Das Attentat konnte (nicht zuletzt durch den hohen Kragen der kaiserlichen Uniform) vereitelt werden und Franz Josephs Bruder, Erzherzog Ferdinand Maximilian, rief daraufhin die Bevölkerung des Reiches zu Spenden auf, um „zum Dank für die Errettung Seiner Majestät" eine neue Kirche als Votivgabe (Dankgeschenk) zu bauen. Über 300.000 Bürger folgten dem Spendenaufruf und in einem Architektenwettbewerb wurde der damals erst 26-jährige Heinrich Ferstel als Bauherr gewählt.

Die Grundsteinlegung erfolgte 1856 durch den Kaiser und den damaligen Wiener Kardinal und es sollte bis 1879 dauern, bis die **dreischiffige Basilika** mit den **zwei 99 m hohen kolossalen Türmen** fertiggestellt wurde. Sehenswert sind, neben dem im Westen der Kirche gelegenen Chor, der Chorumgang sowie der **Kapellenkranz** mit den militärischen Helden der Monarchie gewidmeten Kapellen – die aus Sandstein gefertigte Votivkirche war nämlich bis 1918 die katholische Garnisonskirche der Stadt.

› Rooseveltplatz 8, U-Bahn-Station Schottentor, Tel. 01 4061192, www.votivkirche.at, Di.–Sa. 10–18, So. 9–13 Uhr, Eintritt frei

‹ Ein Theater, wie es im Buche steht – sieht man einmal davon ab, dass die Bühne keinen Vorhang hat!

Leopoldstadt (2. Bezirk)

Verlässt man die Innere Stadt vom Schwedenplatz 6 in Richtung Nordosten über die Schwedenbrücke, gelangt man in den 2. Bezirk namens Leopoldstadt. Dieser zwischen dem Donaukanal und der Donau gelegene Teil Wiens wurde noch im Mittelalter als Unterer Werd (mittelhochdeutsch für Insel) bezeichnet.

Das damals noch überwiegend bewaldete Gebiet hatte bis ins ausgehende 18. Jh. häufig mit Hochwasser zu kämpfen. 1624 wies Kaiser Ferdinand II. den Juden Wiens einen Teil des Unteren Werds als Wohngebiet zu und obwohl sie auch hier immer wieder vertrieben wurden, war die Leopoldstadt bis 1938 – dem Anschluss Österreichs an Hitler-Deutschland – das Zentrum jüdischen Lebens der Stadt. Zwar gibt es in dem auch **Mazzesinsel** (nach dem an Pessach gegessenen ungesäuerten Brot namens Mazzes) genannten Bezirk auch heute wieder Juden, jedoch weit weniger als vor dem Krieg. Geografischer Mittelpunkt des 2. Bezirks ist der **Praterstern**, an dem es U-Bahn- und Schnellbahnanbindung (Bahnhof Wien Nord/Praterstern) gibt. Beliebt ist die Leopoldstadt wegen ihrer **Grünanlagen**, darunter zuallererst natürlich der weltberühmte Prater 24 sowie auch der Augarten (s. S. 98).

24 Prater ★★★ [I5]

Vielleicht ist es dem österreichischen Tenor Richard Tauber (1891–1948) und seiner Interpretation von „Im Prater blüh'n wieder die Bäume" zu verdanken, dass die 6 km² große Parkanlage mit ihren Aulandschaften bis heute weltweit bekannt ist und als eines der Wahrzeichen Wiens gilt. Und das mit Recht, denn das Gebiet nordöstlich des Donaukanals ist das beste Rückzugsgebiet für asphaltgeplagte und abgasscheue Zeitgenossen.

Es war Maximilian II., der 1560 die hier befindlichen Gründe ankaufte, um ein Jagdrevier zu schaffen (gejagt wurde im Prater übrigens bis 1920). Mehr als 200 Jahre später im Jahre 1766 machte Kaiser Joseph II. den Prater dann großteils der Allgemeinheit zugänglich und dadurch entstand der im Volksmund „Wurschtelprater" genannte nordwestliche Teil, in dem heute der auch außerhalb von Wien bekannte **Vergnügungspark** liegt.

Hier findet man zahlreiche familienfreundliche Schaustell- und Unterhaltungsbetriebe wie Geisterbahnen, Go-Kart-Bahnen und durchaus die Adrenalinausschüttung fördernde Achterbahnen, aber auch genügend **Spiel und Spaß für Kleinkinder** wie Hüpfburgen, Spiegelkabinette oder Karusselle. Natürlich ist ein Besuch des Praters **nur an schönen Tagen** zwischen April und Mitte Oktober zu empfehlen, der Eintritt auf das Gelände ist dabei übrigens kostenfrei. Bezahlt werden müssen die einzelnen Attraktionen bei den jeweiligen Buden. Neben den beiden Jahrmarktsfiguren Calafati und dem Watschenmann ist das absolute Wahrzeichen des Praters, in dessen Eingangsbereich gelegen, das 1896/97 erbaute **Riesenrad** (Fahrpreis 10 €, ermäßigt 4,50 €), von dessen Höhen man einen **erstaunlich weiten Blick über die Stadt** bekommt.

Außergewöhnlich ist weiterhin ein Besuch im **Planetarium** und dem dazugehörigen **Pratermuseum** (s. S. 72) mit Exponaten aus der

Shalom Vienna – das jüdische Wien

Die Existenz von Juden in Wien ist seit dem Mittelalter, genauer gesagt seit dem Jahr 1194, urkundlich belegt. In den folgenden Jahrhunderten wurden die Juden immer wieder vertrieben und nicht selten vor die Wahl ***Zwangstaufe*** *oder* ***Hinrichtung*** *gestellt.*

Ab dem 17. Jh. siedelten sich immer mehr Juden in der Leopoldstadt an, aber erst vor ca. 200 Jahren wurde Wien zu einer Stadt mit einer nennenswert „großen" jüdischen Bevölkerung. Aus den etwa 6200 Juden im Jahre 1860 - sprich kurz nach der bürgerlichen Revolution von 1848, als man auch die Rechte der jüdischen Minderheit verbesserte - wurden etwa 147.000 im Jahre 1900 und dann sogar ca. 190.000 im Jahre 1934. Ende des 19. Jh. und speziell mit Ende der Monarchie hatte die Kunst in Österreich ihre traditionellen Fürsprecher verloren: das Kaiserhaus und die Aristokratie. Fortan war es das Bürgertum - und ganz vorne mit dabei das erstarkte jüdische Bürgertum -, das künstlerisch, kulturell, aber auch wissenschaftlich aktiv war. Ganz gewaltig mitgeprägt wurde diese Entwicklung durch ***Wiener jüdischen Glaubens*** *wie Arnold Schönberg, Arthur Schnitzler, Peter Altenberg, Max Reinhardt, Karl Kraus, Franz Werfel, Joseph Roth, Stefan Zweig, Sigmund Freud ... und natürlich den Begründer des modernen Zionismus: Theodor Herzl.*

Diese europäische Glanzzeit und erst recht das jüdische Wien endete 1938 mit der ***Ankunft der Nazis*** *unter Adolf Hitler auf dem Heldenplatz. In Folge stand die* ***Verfolgung und Ausrottung der jüdischen Bevölkerung*** *der Stadt auf dem Plan. Von den fast 200.000 Juden Wiens im Jahre 1938 - die Stadt war damit nach Warschau das zweitgrößte Zentrum jüdischen Lebens in Europa - gelang etwa 130.000 Menschen die Flucht, fast der gesamte Rest starb in den Konzentrationslagern. Zeichen historischen jüdischen Lebens gibt es in Wien heute kaum - sieht man von einigen Friedhöfen, Gedenktafeln und dem Stadttempel in der Seitenstettengasse (Nähe Judengasse* ❹*) ab -, da fast alle Einrichtungen in dem in Wien äußerst brutal verlaufenen Novemberpogrom 1938 zerstört wurden.*

Heutzutage *gibt es in Wien wieder etwa 12.000 Juden und die Stadt hat für diese vergleichsweise kleine Gemeinde ein erstaunlich reges Leben mit mehreren koscheren Geschäften und Restaurants, diversen Schulen, Synagogen und etlichen kulturellen Einrichtungen, Events, Musikfestivals und sogar einer jiddischen Theaterwoche.*

Erste Anlaufstelle für Interessierte sollte das Jüdische Museum (s. S. 70) sowie die daneben befindliche Buchhandlung Singer's Bookshop (Dorotheergasse 11, Tel. 01 5125361) sein.

Geschichte des Vergnügungsparks. Gastronomisch bietet der Prater eine Vielzahl an Essensbuden und Gasthäusern, bei denen in erster Linie das **Schweizerhaus** (s. S. 80) mit dem großen Gastgarten zu empfehlen ist.

Und falls einem der Rummel im Wurschtelprater zu viel werden sollte, so kann man jenseits der lauten Musik und der Menschenansammlung jede Menge Ruhe spendende **Wiesen und Auen** finden, wo man getrost die

068wi Abb.: dk

Seele baumeln lassen kann. Die vielleicht beste Möglichkeit, die gesamte Parkanlage kennenzulernen, ist mit einem Fahrrad. **Mieträder** finden sich zur Genüge nahe der verkehrsberuhigten, mit Kastanienbäumen gesäumten **Hauptallee**, die den Praterstern pfeilgerade mit dem edlen Café und Restaurant **Lusthaus** (s. S. 80) verbindet.

Sehenswert sind entlang der 4,5 km langen Hauptallee der als **Heustadel** bekannte See sowie die ungewöhnliche **Republik Kugelmugel**. Dieses Gebäude in Kugelform wurde Anfang der 1970er-Jahre von Edwin Lipburger gebaut, der argumentierte, dass sein Haus nur auf einem Punkt ruhe und damit keine räumliche Ausdehnung habe, was bedeutet, dass es sich in einem staatsfreien Raum befände und er somit seine eigene Republik ausrufen könne.

Als Alternative zum Drahtesel bietet sich die **Liliputbahn** an. Diese Miniaturparkeisenbahn befährt einen Rundkurs von knapp 4 km und verbindet das Riesenrad mit dem **Stadionbad**, einem der größten Freibäder Wiens. Nördlich der Hauptallee erstreckt sich hinter dem Stadionbad das **Ernst-Happel-Stadion**, in dem im Jahre 2008 die Fußball-Europameisterschaft ihr Endspiel feierte. Westlich vis-à-vis davon befinden sich die Trabrennbahn und das Messegelände. Als realistische Zeitplanung für einen Praterbesuch sollten zwei bis drei Stunden (mit Kindern eher mehr) eingerechnet werden.

› U-Bahn-Station Praterstern

Landstraße (3. Bezirk)

Als Landstraße bezeichnet man den 3. Wiener Gemeindebezirk, der südöstlich der Inneren Stadt entlang des Donaukanals liegt. Der vorrangig aus Wohngebieten, weiter östlich auch aus Industrieanlagen bestehende Bezirk verfügt über einige erkundungswürdige touristische Höhepunkte.

Dazu gehören das **KunstHausWien**, das **Hundertwasserhaus** und das **Schloss Belvedere** oder der **Friedhof St. Marx** (s. S. 37), auf dem angeblich die Gebeine Wolfgang Amadeus Mozarts beigesetzt sind. Das Hauptgeschäftsviertel ist die **Landstraßer Hauptstraße**, die am Nordende des Stadtparks (s. S. 100), jenseits des Wienflusses beginnt. Hier befindet sich auch der im Umbau befindliche U-Bahn- und Schnellbahnhof Wien Mitte/Landstraße, von dem man mit dem **City Airport Train** (CAT) in nur 16 Minuten zum Flughafen Schwechat gelangt (s. S. 117).

25 KunstHausWien ★★ [I6]

Der nördliche Bereich des 3. Bezirks wird vor allem aufgrund der hier zu besichtigenden architektonischen Arbeiten Friedensreich Hundertwassers (1928–2000) besucht.

Der bekannte Wiener Künstler Hundertwasser gestaltete nicht nur Bauwerke, sondern war als Maler und Bildhauer, aber auch als Aktionskünstler und Umweltaktivist tätig. Seine Bilder waren anfangs stark von der Wiener Secession inspiriert und sein Talent, sich selbst zu vermarkten, verhalf ihm zu weltweiter Berühmtheit. Besonders bekannt machten den Künstler seine Gemälde in leuchtenden, kräftigen Farben. Eine **permanente Ausstellung zu seinen Werken** kann man auf einer Fläche von rund 1600 m² im **KunstHausWien** betrachten. Dabei hat Hundertwasser die Umgestaltung des Gebäudes selbst geplant und so erhält man automatisch auch eine Einführung in die Grundzüge des von ihm konzipierten **Baustils.** Exemplarisch ist hierbei, dass er gerade Linien ablehnte und folglich ist das Museum voller interessanter Formen, in grellen Farben gehalten und mit reichlich Tageslicht durchflutet. Reizvoll sind aber auch die schwarz-weiß gehaltene Fassade sowie der reich bewachsene Innenhof mit dem darin liegenden Café.

› Untere Weißgerberstraße 14, U-Bahn-Station Landstraße oder Straßenbahnlinie 1 bis Radetzkyplatz, Tel. 01 7120491, www.kunsthauswien.com, tgl. 10–18 Uhr, Eintritt 12 €, ermäßigt 9 €

26 Hundertwasserhaus ★★ [I6]

Nur knappe 400 m vom KunstHausWien entfernt befindet sich das 1986 fertiggestellte **Hundertwasserhaus.** Dieses ebenfalls nach den Entwürfen des Wiener Künstlers gestaltete und vom Architekten Josef Krawina gebaute Gebäude ist – im Gegensatz zum KunstHausWien – kein Museum, sondern eine **Wohnhausanlage** der Gemeinde Wien. Das ungewöhnlich farbenfrohe, einem Märchenschloss nachempfundene Haus mit seinen schlangenförmigen Linien, den unebenen Böden, den zwei vergoldeten Zwiebeltürmen, den unregelmäßig geformten Säulen und der üppigen Begrünung folgt definitiv nicht den üblichen Grundregeln der „Allerweltsarchitektur". Das Hundertwasserhaus verfügt über 52 Wohnungen, 4 Geschäftslokale, 16 private sowie 3 gemeinschaftlich genutzte Dachterrassen. Zwar zählt das Gebäude heute zu den **meistbestaunten Sehenswürdigkeiten Wiens,** aber begehbar sind nur die Cafés und Läden im Erdgeschoss.

› Kegelgasse 34–38, U-Bahn-Station Landstraße oder Straßenbahnlinie 1 bis Hetzgasse, www.hundertwasserhaus.at, für die Öffentlichkeit geschlossen

◁ Die Liliputbahn erlaubt eine vergnügliche Erkundung des Praters

27 Schloss Belvedere ★★★ [H8]

Nicht nur wegen der traumhaft entspannenden Gartenanlage praktisch direkt an der Grenze der Inneren Stadt, sondern auch wegen der Möglichkeit, eines der drei großen Kunstmuseen Wiens zu besichtigen, lohnt ein Besuch des Schlossareals Belvedere.

Da der berühmteste Feldherr des habsburgischen Reiches, Prinz Eugen von Savoyen (1663–1736), die türkische Vormacht am Balkan brach, erlaubte der Kaiser ihm, südlich der damaligen Wiener Stadtmauern eine Schlossanlage zu bauen. Das südlich des Schwarzenbergplatzes gelegene, als Schloss Belvedere bekannte **barocke Ensemble** besteht aus zwei Gebäudekomplexen – dem sogenannten **Oberen** und **Unteren Belvedere** –, die durch einen auf drei Terrassen angelegten **französischen Garten** verbunden sind. Ein Besuch des Gartens (kostenlos) alleine ist bereits mehr als lohnenswert, da man von oben einen **Weitblick über Wien** bis hin zum Kahlenberg (s. S. 100) und dem Wienerwald genießen kann (daher der Name Belvedere – in etwa: „schöne Aussicht"). Die im Garten befindlichen Skulpturen aus der griechischen Mythologie versinnbildlichen von unten nach oben den Aufstieg aus der Unterwelt in den Olymp. Geradezu weltberühmt ist das Schloss Belvedere jedoch vor allem aufgrund seiner **Gemälde- und Kunstartikelsammlungen** der Österreichischen Galerie Belvedere (s. S. 72), von denen Exponate in beiden Gebäudekomplexen ausgestellt werden.

Das Untere Belvedere beinhaltet die prachtvollen Prunkräume des Prinzen Eugen von Savoyen. Eindrucksvoll ist hier das **Deckengemälde** von Martino Altomonte, das den Prinz als jugendlichen Helden und als Apoll umringt von Musen zeigt. Auf der linken Seite des Saales schließt das Paradeschlafzimmer und auf der rechten das Tafelzimmer an. In der daneben liegenden Orangerie befindet sich das **Museum Mittelalterlicher Kunst**, in dem sich z. B. das älteste erhaltene Schnitzwerk Tirols, das Kruzifix von Stummerberg aus dem 12. Jh., befindet.

Das Obere Belvedere wurde von Prinz Eugen einst als Sommerresidenz genutzt. Die kunstvoll gearbeitete und komplett renovierte **Fassade** des Gebäudes mit der darauf sitzenden Kupferkuppel und dem davor liegenden Teich bildet eines der absoluten Meisterwerke des Wiener Barock. Hier befinden sich vor allem die **Meisterwerke** der österreichischen Künstler des **Fin de Siècle** und des **Jugendstils** wie Gustav Klimt, Koloman Moser, Oskar Kokoschka oder Egon Schiele. Wer nur ein Museum auf dem Areal des Schlosses besuchen möchte/kann, sollte sich für das Obere Belvedere entscheiden und dabei auf keinen Fall die bedeutenden Werke „Der Kuss" von **Gustav Klimt** (1909), „Selbstporträt mit gesenktem Kopf" von **Egon Schiele** (1912) und „Stillleben mit totem Hammel" von **Oskar Kokoschka** (1919) versäumen. Im Ostflügel des Gebäudes befindet sich das **Österreichische Barockmuseum** (s. S. 72), in dem die Meisterwerke österreichischer Künstler dieser Epoche zu bewundern sind. Sehenswert ist das Obere Belvedere auch aufgrund seiner Innenarchitektur – der prachtvollen Eingangshalle und der anschließenden Prunktreppe. Das Herzstück des Gebäudekomplexes bildet jedoch der **rote Marmorsaal**, in dem

am 15. Mai 1955 die Außenminister der vier Besatzungsmächte (Frankreich, Großbritannien, Sowjetunion und USA) zusammen mit dem österreichischen Bundeskanzler Julius Raab, dem Außenminister Leopold Figl und dem damaligen Staatssekretär Bruno Kreisky den **Staatsvertrag** der Zweiten Österreichischen Republik unterzeichneten. In der Nähe des Oberen Belvedere befindet sich das 2011 wiedereröffnete **Belvedere 21** (s. S. 70), das vor allem österreichischer Gegenwartskunst dient.

› Rennweg 6a (Unteres Belvedere) und Prinz-Eugen-Straße 27 (Oberes Belvedere), Straßenbahnhaltestelle Unteres Belvedere (Linie 71) oder Schloss Belvedere (Linie D), Tel. 01 795570, www.belvedere.at, tgl. 10–18 Uhr, Eintritt pro Museum 13–15 €, ermäßigt 10–12,50 €, Kombiticket 22–25 €

Barock pur – das Obere Belvedere mit dem davor liegenden Schlosspark

Wieden, Margareten, Mariahilf und Neubau (4.–7. Bezirk)

Der Teil Wiens, der sich etwa vom Südwesten des Karlsplatzes (10) bis hinter das Parlament (19) im Uhrzeigersinn außerhalb des Rings erstreckt, umfasst vier Wiener Gemeindebezirke – von Süden nach Nordwesten: Wieden, Margareten, Mariahilf und Neubau.

Man kann diese Bezirke zusammenfassen, da sie nicht nur im touristischen Sinne eine Einheit bilden, sondern auch historisch. Sie liegen allesamt dort, wo sich der ehemalige Linienwall der Stadt befand, und wurden etwa Mitte des 19. Jh. Stadtteile Wiens. Sehenswert sind hier in erster Linie der schönste Markt Wiens, der sog. **Naschmarkt**, die unter Wienern äußerst beliebte Einkaufsmeile um die **Mariahilfer Straße**, an die auch das alte Biedermeierviertel **Spittel-**

berg 30 mit seinen Lokalen und Gasthäusern anschließt, sowie das **MuseumsQuartier** 31, einer der weltweit größten Museumskomplexe.

28 Naschmarkt ★★ [F7]

Willkommen auf Wiens hedonistischstem Einkaufsparadies, dem Naschmarkt! Ob zum Einkaufen an einem der vielseitigen Stände, zum Betrachten der Jugendstilkulisse oder schlichtweg zum Erkunden der lebendigen und doch irgendwie entspannten Lokalszene, man kann dieser Gegend im 4. Bezirk eine gewisse „urbane Exotik" einfach nicht absprechen.

Urkunden zufolge bestand bereits im 18. Jh. ein Markt an den Ufern des Wienflusses. Im Unterschied zum heutigen, zwischen Secession 11 und der U-Bahn-Station Kettenbrückengasse gelegenen Naschmarkt, war dieser jedoch ein reiner Bauernmarkt. Heute ist der **Naschmarkt** ein etwa 600 m langes, quirliges Sammelsurium aus dicht aneinander stehenden Obst-, Gemüse, Backwaren-, Fleisch- und Fischgeschäften, deren Händler zusammen mit Gewürz- und Blumenverkäufern und diversen anderen Anbietern ihre Waren an den Mann bringen. Die meisten der fest installierten Stände haben wochentags von 6 bis 18.30 Uhr, samstags bis 17 Uhr geöffnet, sonntags bleibt der Markt geschlossen.

Auffallend ist das ausgesprochen **breite Angebot an exotischen Produkten**, denn ein Großteil der Händler kommt aus Südosteuropa, dem Orient und mittlerweile auch Ostasien. An einem warmen Tag ist es eine wahre Freude, durch die Gassen des Marktes zu wandeln, die fremden Gerüche zu wittern und das bunte Treiben zu studieren. Seit einigen Jahren bietet der Markt auch eine **große Auswahl an Gastronomiebetrieben**, darunter gleichermaßen mit Wiener Küche und ausländischen Leckerbissen. Durch die Marktordnung aus dem Jahr 2006 ist es den Gastronomiebetrieben sogar gestattet, bis ein Uhr morgens offen zu haben, weshalb gerade in den Sommermonaten **auch nachts reger Betrieb** herrscht. Dies gilt im Besonderen für den westlichen Teil des Marktes, in dem sich einige hippe Lokale – z. B. das **Neni** (Stand 510, s. S. 82) und weitere in unmittelbarer Umgebung davon – angesiedelt haben.

Richtig was los ist am Naschmarkt auch oder speziell samstags, denn dann kommen zu den bestehenden ca. 170 festen Händlern auch noch etwa **30 Bauernstände** dazu. Außerdem findet samstags am großen Parkplatz südlich des Naschmarktes bei der Kettenbrücke Wiens größter **Flohmarkt** (s. S. 96) statt. Die Händler hier sind dabei nicht nur Privatpersonen, sondern auch Antiquitätenhändler. Der Flohmarkt beginnt etwa um 5 Uhr morgens und geht bis in die frühen Nachmittagsstunden.

› U-Bahn-Station Karlsplatz oder Kettenbrückengasse

Auch die Linke Wienzeile, also die nördliche Straße entlang derer sich der Naschmarkt befindet, beherbergt einige erwähnenswerte Sehenswürdigkeiten. **Musicalfans** sei zuerst das **Theater an der Wien** (s. S. 91) auf der Nr. 6 zu empfehlen. Dieses Haus wurde von Emanuel Schikaneder (1751–1812), dem Textdichter der „Zauberflöte" (1791 in Wien uraufgeführt), aufgrund des ungeheuren Erfolgs von Wolfgang Amadeus Mozarts Oper eröffnet. Hier debütierte im Jahre 1805 Ludwig van Beethovens „Fidelio“ und 1874 „Die Fledermaus“ von Johann Strauß. Heute finden auf der Bühne vor allem international gefeierte Musicals, aber verstärkt auch wieder Opern statt.

Entlang der Linken Wienzeile sind außerdem das **Wagnerhaus** auf der Nr. 38 und das **Majolikahaus** auf der Nr. 40 in Augenschein zu nehmen. Beide Gebäude wurden vom Wiener Architekten Otto Wagner Ende des 19. Jh. gestaltet und stellen wahre Juwelen des Wiener Jugendstils dar. Die nächste Querstraße ist die Stiegengasse, die in Richtung Norden leicht bergauf führt und über die man, nach Überquerung der Gumpendorfer Straße, die kleine, aber feine **Raimundpassage** erreicht, die ihrerseits auf der Mariahilfer Straße endet.

29 Mariahilfer Straße ★★ [E7]

Nicht nur den Einheimischen mag manchmal der Graben 2 zu teuer und die Kärntner Straße 3 zu touristisch sein. Gott sei Dank gibt es da noch die teilweise verkehrsberuhigte Mariahilfer Straße im 6. Bezirk. Als eine der größten und bekanntesten Einkaufsstraßen Wiens ist sie der gleichermaßen perfekte Ort für einen relaxten Schaufensterbummel oder für olympisches Hardcoreshopping.

Mit einer Vielzahl an Modeboutiquen, Parfümerien, Bücher- und Elektronikgeschäften, renommierten Kaufhäusern und einer rauen Menge an Kaffeehäusern, Restaurants und Eissalons bietet die Mariahilfer Straße praktisch **all das, was das Einkaufsherz begehrt.** Die schmale – aber großteils von breiten Gehsteigen gesäumte –, streckenweise viel befahrene Straße verläuft unweit der südlichen Seite des Kunsthistorischen Museums 17 und endet im Auer-Welsbach-Park in Penzing (14. Bezirk).

Geschäftsmeile ist sie dabei aber nur bis zum Mariahilfer Gürtel. Diese Strecke ist etwa 1,5 km lang und wer sie komplett zu Fuß begehen möchte, dem wird empfohlen, vom Westbahnhof (U-Bahn-Station Westbahnhof) stadteinwärts zu laufen, denn in dieser Richtung geht es leicht bergab. Wer die Wanderschuhe dagegen im Hotel vergessen hat, dem sei an dieser Stelle verraten, dass **unter der Mariahilfer Straße die U3 fährt** und ihr entlang über drei Stationen verfügt (von Westen nach Osten: Westbahnhof, Zieglergasse und Neubaugasse). Im Bezug auf die Kaufhäuser sei speziell der **Gerngross** (s. S. 97) auf der Nr. 42–48 empfohlen. Ein paar Häuser weiter auf der Nr. 26–30 befand sich das zweite Traditionshaus: **Herzmansky** – das alte Schild ist noch am Eck in der Stiftgasse zu sehen –, in dessen Gebäude mittlerweile die Düsseldorfer Modekette Peek & Cloppenburg ansässig ist.

Wem nach einer Verschnaufpause ist, der ist im an die Belle Époque erinnernden **Café Sperl** (s. S. 79), zweifelsohne bestens aufgehoben. Am unteren Ende der Mariahilfer Straße – und damit praktisch unweit der Ringstraße – führt die Rahlstiege knappe sieben Meter hinunter in die Rahlgasse, auf deren Haus-Nr. 5 die vielleicht schönste Lounge der Stadt, das **Aux Gazelles** (s. S. 87) liegt. Wem das Shoppen, Schlemmen und Feiern zu profan ist und wer sich nach Spiritualität sehnt, dem sei ein Besuch der **Mariahilfer Kirche** (1686–1689) an der Ecke zur verkehrsberuhigten Barnabitengasse empfohlen.

30 Spittelberg ★ [E7]

Etwa 300 m nördlich der Mariahilfer Straße und über die Stiftgasse zu erreichen liegt das als Spittelberg bekannte Viertel, dessen Zentrum in erster Linie die Schrankgasse, Spittelberggasse und Gutenberggasse darstellen. Das Gebiet rund um den Spittelberg (7. Bezirk) war ursprünglich Weideland und wurde im Jahre 1525 vom Bürgerspital erworben, woraus sich der ursprüngliche Name Spitalberg ableitete. Während der Zweiten Türkenbelagerung (1683) wurde das damalige Dorf schwer in Mitleidenschaft gezogen. Kurz vorher im Jahre 1679 hatte bereits die Pest die Einwohnerzahl stark dezimiert. Erst ab dem Ende des 17. Jh. wurden die Häuser wieder aufgebaut – wobei die Legende sagt, dass vielerorts Tote in die Häuser eingemauert wurden, da nicht mehr genügend Platz auf den Friedhöfen war. Charakteristisch für den Spittelberg sind heutzutage die vielen gut erhaltenen **Biedermeierhäuser** sowie **die schmalen Gässchen**, die nach wie vor einen dörflichen Eindruck vermitteln.

In der Vorweihnachtszeit findet hier ein viel besuchter, fast schon „unangenehm liebreizender" **Christkindlmarkt** statt. Besonders beliebt ist das kleine Viertel jedoch in erster Linie aufgrund der **hohen Dichte an Lokalen und Bars**, wobei besonders das **Amerlingbeisl** (s. S. 79) mit dem beschaulichen Innenhof wegen seiner einfachen heimischen Küche zu empfehlen ist. Im Norden begrenzt die **Burggasse** den Spittelberg, nach Westen geht es zum **Volkstheater** (s. S. 91), in dem neben Klassikern vor allem zeitgenössische und experimentelle Stücke aufgeführt werden. Auch in der Burggasse sollte zumindest ein Lokal empfohlen werden: das – wenn es Ihnen mal so richtig italienisch gehen soll – **I Ragazzi** (Nr. 6–8, s. S. 83), die wahrscheinlich unverfälschteste Trattoria der Stadt. Empfehlenswert ist zudem das **Glacis Beisl** (s. S. 80) in der Breiten Gasse direkt hinter dem MuseumsQuartier, ein urgemütliches Wiener Beisl mit lauschigem Gastgarten.

› U-Bahn-Station Volkstheater oder Neubaugasse

31 Museums-Quartier ★★★ [F7]

Reichlich Kunst, eine äußerst rege Lokalszene, ausruhen auf riesigen Hartplastikliegesofas oder ausgefallene Mitbringsel in den hiesigen Kunstshops erspähen, das MuseumsQuartier im 7. Bezirk wird einem wahrlich nie langweilig!

Am östlichsten Ende der Burggasse liegen die ehemaligen kaiserlichen **Hofstallungen**. Der 1725 erbaute ockerfarbene barocke Fischer-von-Erlach-Trakt bildet heute das Herzstück eines der **beachtlichsten neueren Architekturprojekte** Wiens: das **MuseumsQuartier**, kurz MQ. Auf diesem 2001 eröffneten Kulturzentrum, das mit 60.000 m² einen der zehn größten Museumskomplexe unseres Planeten darstellt, schufen die Architekten Ortner & Ortner ein harmonisches Zusammenspiel aus neuer Baukunst und alter Bausubstanz.

Der Fischer-von-Erlach-Trakt beherbergt das **Quartier 21**, ein multimediales Zentrum, in dem mehrere zeitgenössische Kultureinrichtungen untergebracht sind und das kleinen und mittelgroßen autonomen Kulturinitiativen Platz und Unterstützung bietet. Ein riesiger zentraler, mit weißem Kalkstein gepflasterter **Innenhof**, der sich mittlerweile zu einer Art urbanem **Freilufterholungsraum** entwickelt hat (dank der einladenden, Enzis genannten Hartplastikliegesofas), trennt das alte Gebäude von zwei modernen Häusern.

Im südlichen Teil des Hofes handelt es sich dabei um das **Leopold Museum** (s. S. 71), einen mit weißem Muschelkalk verkleideten quaderförmigen Bau, in dem sich eine spektakuläre Sammlung von Malereien österreichischer Künstler wie Gustav Klimt und Oskar Kokoschka befindet, darunter auch die **weltweit größte Sammlung von Bildern des Malers Egon Schiele.** Im Norden des Hofes befindet sich das **MUMOK** (s. S. 71), das Museum Moderner Kunst Stiftung Ludwig Wien, ein kubisches, mit Basalt ummanteltes, anthrazitfarbenes Gebäude, das über mehrere „Kellergeschosse" in die Tiefe gebaut wurde. Hier finden sich **Dauerexponate zeitgenössischer Kunst** sowie zumindest immer eine zeitlich begrenzte Sonderausstellung. Diese beiden Museen sollten bei einem Besuch des MQ, für den man mindestens zwei Stunden veranschlagen sollte, ganz oben auf der „Liste" stehen. Sowohl das Leopold Museum als auch das MUMOK sind durch jeweils eine Freitreppe zu begehen. Zwischen den Freitreppen befindet sich die ehemalige **Winterreithalle**, an die die **Kunsthalle Wien** (s. S. 71) mit ihren beiden Ausstellungshallen angebaut wurde, in denen ebenfalls zeitgenössische Kunst gezeigt wird.

Außerdem gibt es auf dem Areal des MQ ein **Architekturzentrum** mit diversen Wechselausstellungen, ein **Kindermuseum** namens ZOOM (s. S. 70), einen eigenen Shop mit MQ-Souvenirs, zwei hervorragende Buchgeschäfte sowie **diverse Restaurationsbetriebe** wie zum Beispiel die Kantine mit den leckersten Pita-Sandwichs der Stadt, das MQdaily, das Café Leopold oder das Café.Restaurant.HALLE. Außerdem werden Hof und Gebäudekomplex für diverse **regelmäßige Kulturveranstaltungen** genutzt.

› Museumsplatz 1, U-Bahn-Station MuseumsQuartier oder Volkstheater, Tel. 0820 600600 oder 01 5235881, www.mqw.at

055wi Abb.: mw

Schwer, sich hier nicht auf Kunst einzulassen – das MuseumsQuartier hat wirklich das perfekte Art-Ambiente

Josefstadt und Alsergrund (8. und 9. Bezirk)

Zwischen der Lerchenfelder Straße hinter dem Parlament (19) im Süden und dem Donaukanal im Norden liegen die Josefstadt (8. Bezirk) und der Alsergrund (9. Bezirk).

Diese flächenmäßig äußerst kleinen Stadtteile zwischen Zentrum und Gürtel waren noch bis ins 18. Jh. mit Donauarmen und kanalisierten Wienerwaldbächen durchzogen, die später zugeschüttet wurden. Im Volksmund gilt v. a. der 9. Bezirk auch als **Ärzteviertel**, denn hier liegt das **Allgemeine Krankenhaus**, kurz AKH, das von jeher das Zentrum des Wiener Gesundheitswesens darstellt. Ebenfalls hier ansässig ist die von der Universität Wien unabhängige **Medizinische Universität Wien** in der Spitalgasse. Im 8. Bezirk befindet sich das wunderschöne, bereits 1788 gegründete **Theater in der Josefstadt** (s. S. 90). Auch im 9. Bezirk befinden sich drei erwähnenswerte Museen: das **Sigmund Freud Museum** (s. S. 73), das **Museum Liechtenstein** (32) mit der privaten Kunstsammlung des Fürstenhauses Liechtenstein sowie das **Geburtshaus** des Komponisten und „Liederfürsten" **Franz Schubert** (s. S. 73).

(32) Palais Liechtenstein ★ [F4]

Das Palais Liechtenstein ist nicht nur ein grandioses Beispiel barocker Baukunst in Wien, es beherbergt zudem eine beachtliche Sammlung an Kunst von der Renaissance bis hin zum Biedermeier.

Das Palais wurde Ende des 17. Jh. von Fürst Johann Adam Andreas von Liechtenstein (1662–1712) beim italienischen Baumeister Domenico Egidio Rossi in Auftrag gegeben. Es stellt eine Mischung aus Stadt- und Landhaus im römischen Stil dar. Interessant ist, dass der große Kunstsammler und Mäzen von Liechtenstein **nur italienische Künstler** engagieren wollte, da den anderen, so meinte er, der *buon gusto* (der gute Geschmack) fehle. Und so waren für die malerische Ausstattung der **Deckenmalereien** im ersten Stock und des grandiosen Deckengemäldes im **Großen Festsaal** (dem sogenannten Herkulessaal) Künstler aus Bologna und Venedig verantwortlich.

Ein Besuch des Palais Liechtenstein ist vor allem deshalb lohnenswert, da sich hier die enorm umfangreiche **private Kunstsammlung** des Fürstenhauses – das **Museum Liechtenstein** – befindet. Die Sammlung beinhaltet Gemälde und Plastiken aus vier Jahrhunderten von der Renaissance bis hin zum Biedermeier, wobei der Schwerpunkt auf der Kunst des **Barockzeitalters** liegt und hier speziell auf Werken des flämischen Künstlers **Rubens** (1577–1640). Im Eingangsbereich des Erdgeschosses – und somit auch unentgeltlich zu betrachten – ist der **vergoldete Prunkwagen** der Fürstenfamilie ausgestellt.

In Anbetracht der Tatsache, dass die Stadt über so viele Kunstmuseen verfügt, mag das Museum Liechtenstein für viele Wienbesucher mehr unter „ferner liefen" wahrgenommen werden. Dennoch, wer sich für die genannten Epochen interessiert, der wird einen geführten Besuch (ca. zwei Stunden) nicht bereuen.

› Fürstengasse 1, Straßenbahnhaltestelle Seegasse (Linie D/3), www.palaisliechtenstein.com, Tel. 01 3195767153, ausschließlich im Rahmen gebuchter Führungen zu besichtigen

Entdeckungen außerhalb der Innenstadt

Zumindest im touristischen Sinne kann man die „Innenstadt" als die bis hierher beschriebenen Bezirke zusammenfassen. Begrenzt werden sie im Westen durch die Donau und ansonsten durch den sog. Gürtel. Neben der Ringstraße und der dahinter verlaufenden „Zweierlinie", bildet der Gürtel die dritte, ringförmig um den Stadtkern liegende Hauptverkehrsader der Stadt.

Außerhalb des Gürtels liegen weitere Gemeindebezirke, von denen speziell der im Westen gelegene 13. namens Hietzing zu erwähnen ist, denn hier befindet sich das Schloss Schönbrunn, der dazugehörige Schlosspark und der Schönbrunner Tiergarten. Im Nordwesten der Stadt, und damit idyllisch am Rande des Wienerwaldes, liegt Döbling, der 19. Bezirk, vom dem man auch auf die nahe gelegenen Berge wie den Kahlenberg (s. S. 100) und den Cobenzl gelangt. Döbling ist weiterhin besonders durch den Stadtteil Grinzing und seine v. a. bei Touristen äußerst beliebten Weinlokale bekannt. Etwas einheimischer geht es dagegen bei den Heurigen in Stammersdorf (s. S. 85) im 21. Bezirk auf der anderen Seite der Donau zu. Ebenfalls in diesem und dem angrenzenden 22. Bezirk liegt außerdem das im Sommer populäre Freizeit- und Badeareal der Alten Donau sowie die aufgrund ihres enormen Unterhaltungsprogramms ausgezeichnete Donauinsel.

33 Schloss Schönbrunn ★★ [Karte II, A9]

Während man in der Hofburg 14 regierte, wurde das pompöse Schloss Schönbrunn zum Feiern und Genießen konzipiert. Die zwischen 1695 und 1713 nach Entwürfen des Bauherrn Johann Fischer von Erlach erbaute Zweitresidenz der Habsburger zeigt wie kein anderer Ort, in welch verschwenderischem Überfluss die ehemaligen Monarchen lebten und ihre Macht und ihren Reichtum dabei in Saus und Braus zur Schau stellten.

Die Idee zum Bau des Schlosses kam nach der Zweiten Türkenbelagerung (1683), während der das hier ursprünglich gelegene Waldgebiet vollständig verwüstet wurde. Es war Leopold I., der für seinen Thronfolger Joseph I. den Bau des Schlosses in Auftrag gab. Die Habsburger waren jedoch zuerst wenig an Schönbrunn interessiert, bis Karl VI. es seiner Tochter **Maria Theresia** (1717–1780) schenkte. Die resolute Monarchin –

057wi Abb.: mw

Wie ein Relikt aus einer vergangenen Zeit wirkt das Schloss Schönbrunn mit dem Park und der darüber thronenden Gloriette

als erste Frau des Reiches bestieg sie 1740 selbst den Thron und modernisierte daraufhin das Schul- und Verwaltungswesen – erkor das Schloss zum **Sommersitz** und ließ es in den Jahren 1743–1749 durch ihren Hofarchitekten Nikolaus von Pacassi erweitern und umbauen. Aus dieser Zeit stammt der Großteil des Interieurs, das als einzig **namhaftes Beispiel des Rokoko** in Österreich gilt. Heute stellt das Schlossareal mit jährlich knapp 7 Mio. Besuchern eine der meistbesuchten Sehenswürdigkeiten Wiens dar und steht seit 1996 als Weltkulturerbe auf der UNESCO-Liste.

Sehenswert ist zuallererst das Schlossgebäude selbst, in dem neben den diversen **prunkvoll ausgestatteten Privatgemächern** der ehemaligen Regenten, der privaten **Schlosskapelle** Maria Theresias und dem berühmten **Napoleonzimmer**, der **Spiegelsaal** (im Ostflügel) und die **Große Galerie** (im Mittelteil), zwei prächtige, üppig mit Kristallspiegeln und riesigen Lüstern verzierte Festsäle im Stil des Rokoko besichtigt werden können. Nicht übersehen sollte man die vielen **Porträts der diversen Familienmitglieder** wie z.B. das der 1793 in Paris guillotinierten Erzherzogin Marie Antoinette im **Salon der Kaiserin Elisabeth**. Außergewöhnlich ist weiterhin die Anzahl der Einrichtungsstücke aus Übersee wie z.B. die fernöstlichen Vasen und Lacktafeln im **Blauen Salon** und im sog. **Vieux-Laque-Zimmer**, als auch die aus Indien stammenden Miniaturen, die in die Rosenholzvertäfelung im **Millionenzimmer** eingelassen sind.

Aufgrund der Größe des Schlosses ist ein **Besuch zeitaufwendig** – mindestens zwei Stunden. Dabei muss erwähnt werden, dass vieles dessen, was hier besonders reizvoll ist, von Nichthistorikern wohl nur im Zuge einer **Führung** oder mithilfe eines **Audioguides** zu erfassen ist. Östlich des Hauptgebäudes liegt die **barocke Orangerie**, in der zu Zeiten der Kaiserin Orangenbäume und andere exotische Pflanzen überwinterten. Überhaupt liebten die Habsburger die Welt der Botanik, wovon auch der **Schönbrunner Schlosspark** 34, ein aus Frankreich inspirierter **Lustgarten** im Stil des Barock zeugt.

› Schönbrunner Schlossstraße 47, U-Bahn-Station Schönbrunn, Tel. 01 811130, www.schoenbrunn.at, 1. November–31. März tgl. 8–17 Uhr, 1. April–30. Juni und 1. September–31. Oktober tgl. 8–17.30 Uhr, 1. Juli–31. August tgl. 8–18.30 Uhr, Eintritt ab 14,20 €, erm. 10,50 €

34 Schlosspark und Tiergarten Schönbrunn ★★★ [Karte II, A10]

Es ist eine wahre Wohltat, an einem schönen Tag durch den Park zu wandeln oder eine der zahlreichen Parkbänke für eine Verschnaufpause zu nutzen. Dabei ist ein **Besuch des Schlossparks** im Unterschied zum Schloss **kostenfrei** und die Tore sind täglich ab 6.30 bis 17 Uhr, im Frühling und Sommer bis mindestens 19 Uhr geöffnet. Im Schlosspark befindet sich im südöstlichen Seitenteil der **Schöne Brunnen** – von dem das Schloss Schönbrunn seinen Namen hat. Kurz davor liegt die 1778 künstlich errichtete **Römische Ruine**, die einem Titustempel aus dem Alten Rom nachempfunden ist. Ebenfalls der römisch-griechischen Mythologie entsprungen sind die **32 Skulpturen**, die das Zentrum des Parks – das sog. Große Parterre – schmücken. Am Fuß des Hanges steht der eindrucksvolle **Neptunbrunnen**, der

058wi Abb.:mw

mit überlebensgroßen Figuren dieses Parterre optisch abschließt. Den Hügel „erklimmt“ man auf einem zickzackförmigen Weg und erreicht an der Spitze die **Gloriette.** Es handelt sich dabei um einen 1772–1775 gebauten **Arkadengang** oberhalb des Schlosses, der den Schlossgarten nach Süden hin begrenzt. Die seit josephinischer Zeit genau wie das Schloss selbst in typischem **Schönbrunnergelb** gehaltene Gloriette war als „Denkmal für den gerechten Krieg“ konzipiert, wurde aber auch als Speisesaal genutzt. Heute befindet sich hier neben einer **Aussichtsplattform** das nette **Café Gloriette** (s. S. 78) – von beiden hat man einen erstklassigen Ausblick auf das unten gelegene Schloss und die Stadt dahinter. Im Westen des Parks liegen das in Glas und Stahl gehaltene **Palmenhaus**, das **Wüstenhaus**, ein **Irrgarten** (alle drei kostenpflichtig) und ein Spielplatz.

Von hier aus kommt man auch in den **Tiergarten Schönbrunn**, den ältesten noch bestehenden Zoo der Welt. Der bereits 1752 von den Habsburgern gegründete Tiergarten zählt aber heute dank zahlreicher Innovationen, Erneuerungen und Erweiterungen auch **zu den zeitgemäßesten und beliebtesten weltweit.** Er ist dabei baulich eine Erweiterung des Schlosses, wobei im Besonderen betont werden muss, dass viele der alten gusseisernen Käfige mittlerweile durch **großzügige Gehege** ersetzt wurden. Im Zoo leben ca. 750 Tierarten und man sollte für einen Besuch mindestens eineinhalb Stunden einplanen. Hauptattraktionen sind z. B. das **Polarium** mit Pinguinen, Robben und Seelöwen, das Nilpferdhaus, die **Sibirischen Tiger** und weitere Raubtiere, die **Panda**- und Ameisenbären, die Fidschi- und Nashorn-Leguane, die Orang-Utans, die Elefanten und der stockdunkle **Fledermausgang.**

Das Palmenhaus im Schönbrunner Schlosspark

› Maxingstraße 13 B, U-Bahn-Station Hietzing, www.zoovienna.at, Tel. 01 8779294, tgl. 9–16.30 Uhr (im Februar bis 17 Uhr, März und Oktober bis 17.30 Uhr, April–September bis 18.30 Uhr), Eintritt 20 €, ermäßigt 10 €

35 Grinzing ★ [Karte I]

Schlendert man durch die kleinen Gässchen mit ihren immer noch **dörflich wirkenden Häusern** im Stadtteil Grinzing im 19. Wiener Gemeindebezirk, scheint es, als seien die Uhren in dieser **hügeligen Gegend** stehen geblieben. Grinzing wird von einigen Bächen durchlaufen und ist stark vom bewaldeten Bergrücken des Wienerwalds geprägt, weshalb dieses Gebiet auch bei den einheimischen Spaziergängern äußerst gefragt ist – dazu gehört auch im Besonderen die Anhöhe des **Kahlenbergs** (s. S. 100). Auffallend sind die **Weinstöcke** an den Hängen der hier gelegenen Höhenzüge und tatsächlich ist Grinzing in Wien fast gleichbedeutend mit Wein. Die Grinzinger Straße, Sandgasse, Himmelstraße und die Cobenzlgasse bilden heute ein von **Heurigen** (s. S. 84) überzogenes Viertel. Zwar sind so ziemlich alle hier ansässigen Lokale traditionell und authentisch-rustikal gestaltet, verfügen meist über schöne Gastgärten und bieten am Abend live gespielte **Heurigenmusik**, ziehen dabei aber **speziell Touristen** an, die nicht selten gleich busseweise anreisen. Zu den empfehlenswerteren Lokalen zählen unter anderem der **Kronprinz Rudolfshof**, der **Reinprecht** und der **Feuerwehr-Wagner**. Etwas außerhalb von Grinzing gelegen, und dadurch auch nicht so auf Auswärtige fokussiert, sind außerdem der **Mayer am Pfarrplatz** und der wunderschön inmitten der Weinberge gelegene **Weinhof Zimmermann**.

› Straßenbahnhaltestelle Grinzing (Linie 38 ab Schottentor)

› für Weinhof Zimmermann: Bushaltestelle Neustift am Walde (Linie 35A ab Spittelau oder Nußdorfer Straße)

Der Wiener Wein

Kaum eine andere Metropole verfügt über nennenswerte Weinanbaugebiete innerhalb der Stadtgrenzen. Wien dagegen zählt über 340 Weinhauer (Winzer), die eine Fläche von etwa 670 Hektar bebauen. Den absoluten Löwenanteil aller Weingärten teilen sich der 19. und der 21. Bezirk. Die Wiener Tropfen sind dabei in keiner Weise von „schlechten Eltern", denn man keltert ***fast ausschließlich Qualitätsweine,*** *wovon die diversen Preise und Medaillen in vielen Heurigenlokalen in Grinzing und Stammersdorf zeugen. Der Weißwein – mit den Rebsorten Grüner Veltliner, Rheinriesling, Weißburgunder und Chardonnay – ist dabei mit 80 % seinem roten Vetter weit voraus, wenn auch in den letzten Jahren ein Trend Richtung Ausweitung der Rotweinproduktion – Blauer Zweigelt, Blauer Burgunder und Cabernet Sauvignon – festzustellen ist. Kein Wunder also, dass der Wein einen so wichtigen Teil der Wiener Lokalkultur ausmacht.*

Typisch für Wien ist der Gemischte Satz, ein sich aus mehreren Rebsorten zusammensetzender Wein.

WIEN ERLEBEN

003wi Abb.: mw

Wien für Kunst- und Museumsfreunde

Kunstinteressierte kommen in Wien nicht zu kurz. Mit einer beachtlichen Anzahl an Museen ist die Stadt seit weit über 100 Jahren eines der größten Kunstzentren der Welt.

Museen und Galerien

M2 [H9] **Belvedere 21,** Schweizergarten, Arsenalstraße 1, Tel. 01 79557700, www.belvedere21.at, Mi. 11–21, Do.–So. 11–18 Uhr, Eintritt 7 €, ermäßigt 5,50 €. Unweit des Oberen Belvedere 27 liegt dieses architektonisch interessante und 2011 wiedereröffnete Museum vorwiegend österreichischer zeitgenössischer Kunst.

M3 [F6] **Beethoven-Museum,** Mölker Bastei 8, www.wienmuseum.at, Tel. 01 5358905, Di.–So. 10–13 und 14–18 Uhr, Eintritt 5 €, ermäßigt 4 € (erster So. im Monat frei). Im Pasqualati-Haus lebte Ludwig van Beethoven (1770–1827) mit Unterbrechungen insgesamt acht Jahre. Heute ist hier eine kleine Dauerausstellung seiner Schaffenszeit.

9 [G7] **Haus der Musik.** Das erste Klangmuseum der Welt lädt den Besucher zu einer Entdeckungsreise in die Welt der Akustik ein. Die didaktisch modern aufbereitete Ausstellung ist für Kinder und Erwachsene gleichermaßen ein äußerst gelungenes und interessantes Erlebnis (s. S. 37).

M4 [I9] **Heeresgeschichtliches Museum,** Arsenal, Objekt 1, Tel. 01 795610, www.hgm.at, tgl. 9–17 Uhr, Eintritt 6 €, ermäßigt 4 €. Nicht nur für Militaristen ist dieses historisch äußerst wertvolle Museum interessant. Es werden v. a. Exponate der kaiserlichen Armee wie Waffen oder Uniformen, aber auch Gemälde, Fotografien und Schlachtschiffmodelle ausgestellt.

M5 [G6] **Jüdisches Museum,** Dorotheergasse 11, Tel. 5350431210, www.jmw.at, So.–Fr. 10–18 Uhr, Eintritt 12 €, ermäßigt 10 €. Wechselnde Ausstellungen zur Geschichte der Juden in Wien, außerdem die Dauerausstellung „Unsere Stadt! Jüdisches Wien bis heute“. Die Außenstelle, das Museum Judenplatz (Judenplatz 8, gegenüber des Uhrenmuseums, s. S. 73), führt durch die jüdische Geschichte Wiens im 14. Jh. Auf dem Platz findet sich auch das Holocaust-Mahnmal von Rachel Whiteread.

★6 [G6] **Kapuzinergruft,** Tegetthoffstraße 2/Neuer Markt, U-Bahn-Station Stephansplatz, Tel. 01 5126853, www.kaisergruft.at, Fr.–Mi. 10–18, Do. 9–18 Uhr, Eintritt 5,50 €, erm. 4,50 €. Kein Museum im klassischen Sinne, aber interessant. Seit 1633 wurden hier die Familienmitglieder der Habsburger beigesetzt: prunkvolle Sarkophage von 16 Kaiserinnen, zwölf Kaisern und knapp 100 Erzherzögen.

M7 [F7] **Kindermuseum ZOOM,** Museumsplatz 1, Tel. 01 5247908, www.kindermuseum.at, Di.–Sa. 8–18.30 Uhr, Eintritt 6 € (Kinder), 5 € (Erwachsene). Liebevoll aufgemachtes Kindermuseum (für Kinder bis 12 Jahre geeignet) mit Wechselausstellungen, reichlich Spiel und Spaß und Experimentierattraktionen im MuseumsQuartier 31. Da viele Kindergruppen hierher kommen, ist eine telefonische Anmeldung sinnvoll.

M8 [G6] **Kunstforum,** Freyung 8, www.kunstforumwien.at, Tel. 01 5373326, tgl. 10–19 Uhr, Fr. bis 21 Uhr, Eintritt 11 €, bis 27 Jahre 6 €. Im Kunstforum werden wechselnde Ausstellungen mit Schwerpunkten auf der Malerei der Klas-

Vorseite: Nichts für lahme Enten – mit dem Segway-Elektroroller durch Wien (s. S. 128)

sischen Moderne und der Avantgarde der Nachkriegszeit präsentiert.

M 9 [F7] **Kunsthalle,** Museumsplatz 1, Tel. 01 521890, www.kunsthallewien.at, tgl. 11–19 Uhr, Do. bis 21 Uhr, Eintritt 8 €, ermäßigt 6 € (je nach Ausstellung auch billiger). In mehreren Hallen und Räumen des MuseumsQuartiers 31 werden hier immer wieder neue Ausstellungen zeitgenössischer Künstler aller Kunstsparten gezeigt.

17 [F7] **Kunsthistorisches Museum.** Das Kunsthistorische Museum zählt zu den größten und bedeutendsten Museen der Welt. Die reichen – beinahe schon zu üppigen – Sammlungen umfassen Objekte aus sieben Jahrtausenden, angefangen von der Zeit des Alten Ägypten bis zum Ende des 18. Jh. (s. S. 47).

13 [G7] **Kunstsammlung Albertina.** Eine der weltweit größten und bedeutendsten grafischen Sammlungen. Die hier ausgestellten und archivierten Exponate reichen von der Spätgotik bis zur zeitgenössischen Kunst (s. S. 42).

M 10 [F7] **Leopold Museum,** Museumsplatz 1, Tel. 0820 600 600 oder 01 525700, www.leopoldmuseum.org, Mi./Fr.–Mo. 10–18 Uhr, Do. 10–21 Uhr, Eintritt 13 €, ermäßigt 8 €. Das im MuseumsQuartier 31 gelegene Leopold Museum zeigt Meisterwerke der Wiener Secessionisten-Bewegung, der Wiener Moderne und des österreichischen Expressionismus sowie die weltweit größte Egon-Schiele-Sammlung.

M 11 [G6] **Mozarthaus,** Domgasse 5, Tel. 01 5121791, www.mozarthausvienna.at, tägl. 10–19 Uhr, Eintritt 11 €, ermäßigt 9 €. Zwar stammte Wolfgang Amadeus Mozart (1756–1791) aus Salzburg, doch ab 1781 lebte er in Wien. In der Domgasse wohnte der Komponist von 1784 bis 1787 und hier komponierte er auch die meisten seiner Opern. Neben dem Nachbau seiner historischen

026wi Abb.: dk

Das Kunstforum auf der Freyung besticht nicht nur durch seinen außergewöhnlichen Eingang

Wohnung gibt es hier eine umfassende Einführung in Mozarts Leben und seine wichtigsten Werke.

M 12 [F7] **MUMOK,** Museumsplatz 1, Tel. 01 52500, www.mumok.at, Mo. 14–19, Di.–So. 10-19, Do. bis 21 Uhr, Eintritt 11 €, ermäßigt 8,50 €. Das im MuseumsQuartier 31 gelegene MUMOK (Museum Moderner Kunst) ist die größte österreichische Sammlung für gesellschafts- und realitätsbezogene sowie performative Kunst des 20. und 21. Jahrhunderts.

M 13 [F6] **Museum auf Abruf MUSA,** Felderstraße 6–8, Tel. 01 400084000, www.musa.at, Di./Mi./Fr. 11–18 Uhr, Do. 11–20 Uhr, Sa. 11–16 Uhr, Eintritt frei. Bei dem MUSA handel es sich um die Sammlung zeitgenössischer Kunst der

Kulturabteilung der Stadt Wien. Neben Themenausstellungen aus der Sammlung gibt es die Startgalerie für junge Wiener Kunstschaffende.

8 [H6] **Museum für angewandte Kunst.** Eine erstaunliche kunstgewerbliche Sammlung mit Objekten und Kunstwerken vom Mittelalter bis zur Gegenwart (s. S. 36).

32 [F4] **Museum Liechtenstein.** Im Palais Liechtenstein befindet sich die private Kunstsammlung des gleichnamigen Fürstenhauses, die Gemälde und Plastiken von der Renaissance bis zum Biedermeier beinhaltet (s. S. 64).

18 [F6] **Naturhistorisches Museum.** Riesige Sammlung zu praktisch allen naturwissenschaftlichen Themen: Flora, Fauna (inkl. Dinosaurier), Geologie usw. (s. S. 48).

M14 [H8] **Österreichisches Barockmuseum,** Prinz-Eugen-Straße 27, Tel. 01 795570, www.belvedere.at, tgl. 10–18 Uhr, Eintritt 14 €, ermäßigt 11,50 €. Im Oberen Belvedere befindet sich in Form dieses Museums die vielleicht bedeutendste Kunstsammlung ihrer Art Mitteleuropas. Im Mittelpunkt stehen die Arbeiten der Maler und Bildhauer aus der Blütezeit des österreichischen Barocks.

080wi Abb.: dk

M15 [H8] **Österreichische Galerie Belvedere,** Rennweg 6a (Unteres Belvedere) u. Prinz-Eugen-Straße 27 (Oberes Belvedere), Tel. 01 795570, www.belvedere.at, tgl. 10-18 Uhr, Eintritt pro Museum 12 €, ermäßigt 9 €, Kombiticket 20–29 €. Die Gemälde- und Kunstartikelsammlungen der Österreichischen Galerie Belvedere stellt im Oberen Belvedere die Meisterwerke der österreichischen Künstler des Fin de Siècle und des Jugendstils aus.

M16 [G7] **Otto Wagner Pavillon,** Karlsplatz, U-Bahn-Station Karlsplatz, Tel. 01 5058747, www.otto-wagner-pavillon.at, April–Oktober Di.–So. 10–18 Uhr, Eintritt 5 €, ermäßigt 4 € (erster So. im Monat frei). Ein für den Wiener Jugendstil repräsentativer Pavillon – und gegenüber ein Zwilingspavillon –, der ehemals als Haltestelle der Wiener Stadtbahn am Karlsplatz konzipiert war. Darin befindet sich ein kleines Museum zur Arbeit Otto Wagners.

M17 [E5] **Pathologisch-anatomisches Bundesmuseum Wien,** Spitalgasse 2 (Zugang über die Van-Swieten-Gasse), Tel. 01 4068672, www.nhm-wien.ac.at/forschung/anthropologie/pathologisch-anatomische_sammlung_im_narrenturm, Mi. 15–18 Uhr, Do. 8–11 Uhr, erster Sa. im Monat 10–13 Uhr, Eintritt 4 €, ermäßigt 2 €. Besonders für (angehende) Mediziner dürften die hier ausgestellten anatomischen Präparate interessant sein, durch die man reichlich Wissenswertes zum Thema Gesundheit und Krankheit erfahren kann.

M18 [I5] **Pratermuseum und Planetarium,** Oswald-Thomas-Platz 1, Tel. 01 7267683, www.wienmuseum.at, Fr.–So. 10–13 und 14–18 Uhr, Eintritt 5 €,

Die Geburtsstätte der Psychoanalyse: das Sigmund Freud Museum

ermäßigt 4 € (erster So.im Monat frei). Das Pratermuseum spürt der Geschichte des Praters 24 und dessen Funktion als Vergnügungs-, Ausstellungs- und Veranstaltungsgelände nach. An das Museum angeschlossen befindet sich auch das Planetarium mit regelmäßig stattfindenden Vorführungen.

19 [F6] **Schatzkammer,** Schweizerhof (Hofburg), Tel. 01 525240, www.kaiserliche-schatzkammer.at, Mi.–Mo. 10–17.30 Uhr, Eintritt 12 €, ermäßigt 9 €. In der Schatzkammer in der Hofburg 14 werden die Kronschätze der Habsburger und ihrer Vorgänger ausgestellt.

20 [E4] **Schuberts Geburtshaus,** Nußdorfer Straße 54, Tel. 01 3173601, www.wienmuseum.at, Di.–So. 10–13 und 14–18 Uhr, Eintritt 5 €, ermäßigt 4 €, erster So. im Monat frei. In der „Rauchkuchl", einer Wohnung dieses Hauses, kam der Komponist Franz Schubert am 31. Januar 1797 zur Welt. Heute beherbergt die Wohnung ein Museum, in dem der größte Teil seiner Biografie veranschaulicht und dokumentiert ist.

11 [F7] **Secession.** Dieses bemerkenswerte Bauwerk aus dem Jahre 1898 wurde als Ausstellungshaus der „Secessionisten" genutzt und bietet bis heute interessante Ausstellungen und Veranstaltungen. Das künstlerische Herzstück ist das 34 m lange, von Gustav Klimt geschaffene Beethovenfries (s. S. 40).

21 [F5] **Sigmund Freud Museum,** Berggasse 19, Tel. 01 3191596, www.freud-museum.at, tgl. 10–18 Uhr, Eintritt 12 €, erm. 7,50 €. In der ehemaligen Wohnung des Begründers der Psychoanalyse befindet sich heute ein Museum zu seinem Wirken und Schaffen.

22 [F6] **Sisi Museum,** Hofburg (Eingang unter der Michaelerkuppel), Tel. 01 5337570, www.hofburg-wien.at, tgl. 9–17.30 Uhr, Juli/Aug. bis 18 Uhr, Eintritt ab 12,90 €, erm. 11,90 € (Kombitickets: 28,80 €). In diesem Museum in der Hofburg 14 wird in aufwendig inszenierter Weise Mythos und Wahrheit über Kaiserin Elisabeth „beleuchtet", ohne dabei etliche Details ihres Privatlebens zu vernachlässigen. Ausgestellt sind zahlreiche persönliche Objekte sowie die berühmtesten Porträts der Kaiserin.

23 [B8] **Technisches Museum Wien,** Mariahilfer Straße 212, Tel. 01 899980, www.tmw.at, Mo.–Fr. 9–18, Sa./So. 10–18 Uhr, Eintritt 13 €, ermäßigt 11 €. In diesem gut aufbereiteten Museum mit seinen hellen, mit Glaskuppeln überdachten Innenhöfen, werden Exponate und Modelle – darunter zahlreiche, zum Teil recht große historische Demonstrationsmodelle aus den Bereichen Eisenbahn und Schiffbau – aus der Geschichte der Technik gezeigt.

24 [G6] **Uhrenmuseum,** Schulhof 2, Tel. 01 5332265, www.wienmuseum.at, Di.–So. 10–18 Uhr, Eintritt 7 €, ermäßigt 5 €, erster So. im Monat frei. Alles rund um das Thema Zeitmessung mit Beispielen – etwa Uhren, Messgeräte usw. – aus mehreren Jahrhunderten.

25 [F6] **Weltmuseum Wien,** Heldenplatz, Neue Burg, Tel. 01 525240, www.weltmuseumwien.at. In der Sammlung dieses bedeutenden ethnologischen Museums finden sich über 200.000 ethnografische Gegenstände, etliche historische Fotografien, Druckwerke und über 300 km Film zu Geschichte, Kultur und Alltagsleben vorwiegend außereuropäischer Völker. Nicht verpassen sollte man den „Penacho" genannten altmexikanischen Federkopfschmuck aus der Sammlung James Cooks.

26 [G7] **Wien Museum,** Karlsplatz, Tel. 01 50587470, www.wienmuseum.at, Di.–So. 10–18 Uhr, Eintritt 10 €, ermäßigt 7 €, erster So. im Monat frei. Hier befindet sich die historische Sammlung zur Geschichte Wiens mit Exponaten ab der Jungsteinzeit und häufig wechselnden Sonderausstellungen.

022wi Abb.: mw

Wien für Genießer

Mit knurrendem Magen muss nun wirklich niemand durch Wien schlendern, denn die Hauptstadt der ehemaligen Donaumonarchie ist seit Langem eine wahre Gourmetdestination! Mit etwa 4000 Restaurants, Cafés, Wirtshäusern, Bars, Wiener Beisln oder internationalen Lokalen ist Wien ein wahres Eldorado für hungrige Mägen und durstige Kehlen.

Für seinen Charme und sein Flair berühmt-berüchtigt und damit wirklich spezifisch wienerisch ist das **Kaffeehaus.** Schlichtweg eine Institution, die für viele Einheimische zu einer Art Zweitwohnsitz erkoren wird, oder wie der Schriftsteller Peter Altenberg (1859–1919) es so treffend beschrieb: „Im Café ist man nicht zu Hause und doch nicht an der frischen Luft.“ Man geht in Wien also nicht „einfach so“ ins Café, sondern um über das Lapidare zu sinnieren, das Unwirtliche zu genießen, vielleicht die gestrige Zeitung zu lesen und sich dabei zu überlegen, was man morgen alles verpassen möchte, oder ganz philosophisch gesehen: um die Zeit bei einer Melange oder einem Mokka und ggf. einer köstlichen **Mehlspeise** – so nennt man hier Süßes wie Kuchen, Torten, Strudel oder Hefegebäck – ganz beschaulich verstreichen zu lassen. Und falls das mal länger dauern sollte, so gibt es in den meisten Etablissements auch warme Küche, darunter oftmals Mittagsmenüs, Tagessuppen, fast immer einschlägige Würstel und nicht selten – immerhin sind wir in Wien! – herrlich panierte Schnitzel. Die Stadt verfügt über unzählige Kaffeehäuser, sodass man nie lange suchen muss, um mal kurz alle Fünfe grade sein zu lassen. Aber nicht nur dazu sind sie gut! Ob in der

⌃ In Wien ist die Diät schnell vergessen …

mondänen Innenstadt oder in den äußeren Bezirken, das Kaffeehaus spiegelt immer ein bisschen des örtlichen Lokalkolorits wieder und eignet sich somit auch bestens zum Beobachten und Staunen.

Wer wienerisch essen möchte, der sollte vornehmlich eines der zahlreichen und immer noch äußerst populären **Gast- oder Wirtshäuser** – im Volksmund **Beisln** genannt – aufsuchen, denn nur hier gibt es die wirklich authentischen Schmankerln. Es ist mittlerweile übrigens eine Art mediterran inspirierter Gastronomiesport, bei etwas Sonne das Lokal auf den Bürgersteig auszudehnen und mit ein paar Tischen und Stühlen einen sog. **Schanigarten** – nach dem Spitznamen für Johann „Schani“, als Synonym für den Kellner – zu errichten.

Aber was wäre schon ein gutes *Bapperl* (Essen) ohne den richtigen **Wein** dazu? Wien verfügt über einen stadteigenen Weinanbau und die lokalen Tröpfchen lassen sich nirgends so stilvoll verkosten, wie in den sog. **Heurigenlokalen** (s. S. 84). Das Essengehen liegt preislich übrigens in etwa im gleichen Rahmen wie in Deutschland oder der Schweiz. Wirklich günstig ist es in vielen Beisln zur Mittagszeit, denn dort werden dann häufig **Mittagsmenüs** zu vernünftigen Fixpreisen angeboten. In allen Lokalen sollte man aber immer ein **Trinkgeld** – je nach Rechnungssumme etwa 10 % – geben.

Gastro- und Nightlife-Areale

Bläulich hervorgehobene Bereiche in den Karten kennzeichnen Gebiete mit einem dichten Angebot an Restaurants, Bars, Klubs, Discos etc.

Die Küche Wiens

Vornweg: Eine unabhängige, alteingesessene Wiener Küche hat es im wahren Sinne des Wortes eigentlich noch nie gegeben. Die Spezialitäten der Stadt sind in den meisten Fällen äußerst lebendige Mischungen aus diversen kulinarischen Einflüssen der ehemaligen Kronländer der Donaumonarchie. Die typischste Spezialität ist ohne Zweifel das **Wiener Schnitzel** aus Kalbfleisch (oder oft auch aus Schwein, Pute oder Hühnerfleisch), das man hier flach geklopft – also dünn – und trocken, also ohne Soße liebt. Im Grunde genommen ist es aber, wenn auch nur mit knirschenden Zähnen zugegeben, eine Abwandlung der *Scaloppina Milanese* und kommt so ursprünglich aus Norditalien.

Und es geht weiter: Das Gulasch brachten die Ungarn, den Strudel – in Wien vor allem als *Topfen-* (Quark) oder Apfelstrudel beliebt – die Türken und die *Golatschen* (gefüllte Germbutterteigtaschen), *Palatschinken* (Pfannkuchen) und Knödel (meist aus alten *Semmeln,* Brötchen, zubereitet und daher Semmelknödel genannt) kamen aus Böhmen etc. Dennoch wurden all diese Gerichte in Wien nicht nur einfach übernommen, sondern den lokalen Geschmacksnerven angepasst – ein Grund, warum das Wiener Gulasch (Rindfleisch im dicken Zwiebel- und Paprikasaft gekocht) oder das Fiakergulasch (Gulaschsaft mit Würstchen und einem Spiegelei) eben doch ganz anders schmeckt als das *Pörkölt* in Budapest oder Szeged und man auch aus Mailand kommt, um ein typisches Wiener Schnitzel zu kosten. Dazu isst man übrigens meist nur Salat, und zwar am liebsten aus Erdäpfeln (Kartoffeln).

Smoker's Guide

Noch wird in vielen Wiener Cafés, Bars, Kneipen und manchen Restaurants zumindest in bestimmten Bereichen geraucht. Das österreichische Nichtrauchergesetz sieht vor, dass in größeren Lokalen ein Raucherbereich abgetrennt werden kann (der allerdings nicht mehr als 50 % der gesamten Fläche ausmachen darf), dafür können Wirte in Lokalen mit weniger als 50 m² Grundfläche selbst entscheiden, ob sie rauchfrei oder „verraucht" sein möchten. Doch ab Mai 2018 wird wohl auch in der letzten Paffer-Bastion der EU das Rauchen in der Öffentlichkeit endgültig verboten sein.

Charakteristisch wienerisch ist weiterhin der **Tafelspitz,** ein aus gekochtem Rindfleisch, Schnittlauchsoße, Dillrahmfisolen (Bohnen) und kleinen gekochten Salzkartoffeln oder Spinat bestehendes Gericht, zu dem traditionell geriebener Apfel- oder Semmelkren (Meerrettich) serviert wird. Für Nicht-Wiener meist gewöhnungsbedürftig sind *Beuschel* (ein Ragout aus Kalbslunge mit einer sauren Rahmsoße und Semmelknödeln), gebackene Leber (meist paniert) oder Zwiebelrostbraten. Geradezu einfach dagegen sind Alltagsgerichte der Hausmannskost wie *Schinkenfleckerl* (quadratische Nudeln mit Schinkenstückchen) oder *Eiernockerln* (kleine Klöße, die mit Ei in der Pfanne angebraten werden).

Als **Vorspeise** bekommt man in Wiener Gasthäusern traditionell Rindssuppe, die wahlweise mit Backerbsen, *Frittaten* (geschnittene Pfannkuchen), Leberknödeln oder Grießnockerln (Grießklößchen) serviert werden.

Wirklich weltberühmt ist die Wiener Küche aber auch aufgrund ihrer herrlichen **Mehlspeisen.** Dazu gehören der *Kaiserschmarrn* (ein luftiger, in viele Teile zerteilter Pfannkuchen mit Puderzucker und Kompott), diverse süße Knödel wie *Germknödel* (mit Pflaumenmus gefüllte Hefeteigknödel) oder *Marillenknödel* (mit Aprikosen gefüllte Quarkteigknödel), *Powidltascherln* (mit Pflaumenmus gefüllte Teigtaschen) und selbstverständlich die Sachertorte, eine Schokoladentorte mit Marillenmarmelade im Inneren und Schokoladenglasur über dem Teig, die 1832 von Franz Sacher am Hofe des Fürsten Metternich erfunden wurde.

Empfehlenswerte Kaffeehäuser und Eiscafés

27 [G6] **Café Alt Wien,** Bäckerstraße 9, Tel. 01 5125222. Ein außergewöhnlicher Ort, der durch seinen improvisiert-abgenutzten Charme besticht und perfekt zum Abhängen und Wien-mal-für-ein-paar-Stunden-Wien-sein-lassen geeignet ist.

28 [F6] **Café Central,** Strauchgasse/Ecke Herrengasse 17, Tel. 01 5333763-26, www.palaisevents.at, WLAN. Das Café Central ist historisch gesehen der Treffpunkt der Literaten – oder treffender der Kaffeehausliteraten – des ausgehenden 19. und des anfangenden 20. Jh. gewesen. Zwar lässt sich das damalige Flair heute kaum noch erahnen, eine geschichtsträchtige Adresse mit hervorragenden hausgemachten Mehlspeisen ist das elegante, im Stil der Neorenaissance gestaltete Central immer noch.

Einfach gemütlich – das Café Prückel am Stubentor

Kleines Wiener Kaffee-ABC

Zwar ist es keine Wissenschaft, einen Kaffee zu bestellen - und das gilt auch mehr oder minder in einem Wiener Kaffeehaus -, trotzdem „outet" man sich schnell als Auswärtiger, wenn man hierzu nicht einige Grundregeln kennt. Es war 1683, als die besiegten Türken nach der fehlgeschlagenen Belagerung von dannen zogen und man in ihren verlassenen Zeltsiedlungen Säcke mit bis dahin unbekannten Bohnen fand, die die Wiener zunächst für Kamelfutter hielten. Als man herausfand, welch herrlich „berauschenden" Göttertrunk man aus diesen Böhnchen zubereiten kann, wurde der Kaffee (in Wien immer endbetont ausgesprochen) schnell zum wahrhaftigen Dauerbrenner! Der Wiener bestellt aber nicht öde Kaffee schlechthin, sondern man drückt sich raffinierter aus.

Zu den beliebtesten Varianten gehören: ein kleiner oder großer ***Mokka*** *bzw.* ***Schwarzer*** *(einfacher oder doppelter Espresso), ein kleiner oder großer* ***Brauner*** *(Mokka mit Milch), ein* ***Verlängerter*** *(also ein Mokka mit etwas mehr Wasser), ein* ***Einspänner*** *(ein Mokka im Glas mit viel Schlagobers - Sahne - und Staubzucker), ein* ***Kapuziner*** *(wie der Einspänner, nur mit wenig Schlagobers), eine* ***Melange*** *(ähnlich dem Cappuccino) oder ein* ***Franziskaner*** *(Melange mit Schlagobers statt Milch). Die Milch und (beim Verlängerten) das heiße Wasser werden übrigens immer gesondert serviert, sodass man sich das Mischverhältnis selbst bestimmen kann. Geradezu obligat ist dazu auch immer das Glas Leitungswasser, von dem der Ober (Kellner) auf Wunsch auch nach bringt.*

019wi Abb.: mw

EXTRATIPP

Zeitungen gefällig?

In Wiener Kaffeehäusern liegen immer aktuelle Zeitungen wie die Kronenzeitung, der Kurier, Der Standard und Die Presse kostenlos aus. Außerdem die Stadtzeitung „falter" und häufig auch deutsche und Schweizer Printmedien. Man kann somit bei einer morgendlichen Tasse Kaffee Informationen zu Aufführungen in Oper, Konzerthäusern und Theatern oder zum Kinoprogramm bekommen.

29 [G6] **Café Diglas,** Wollzeile 10, Tel. 01 5125765, www.diglas.at. Elegant anmutendes Kaffeehaus mit einer umfangreichen Frühstückskarte und äußerst leckeren Torten. Mittags auch verschiedene Menüs.

30 [E7] **Café Europa,** Zollergasse 8, Tel. 01 5263383, www.hinterzimmer.at, WLAN. Junges, lebendiges Café, in dem auch spät nachts noch gegessen und getrunken werden kann. Geradezu grandios ist außerdem das Frühstücksbüffet am Sonntag.

31 [G6] **Café Frauenhuber,** Himmelpfortgasse 6, Tel. 01 5128383, www.cafefrauenhuber.at, Mo.–Sa. 8–24, So. 10–22 Uhr. Das älteste noch bestehende Café Wiens ist durch sein durchweg altmodisches Interieur gleichzeitig auch eines der gemütlichsten. Große Auswahl an Wiener Spezialitäten, und zwar süß und salzig.

32 **Café Gloriette,** Schlosspark Schönbrunn, Tel. 01 8791311, www.gloriette-cafe.at. Zumindest was die Aussicht angeht, ist das Café Gloriette nicht zu schlagen. Neben normalen Kaffeehausangeboten gibt es Sa. und So. ab 9 Uhr das legendäre Sisi Buffet.

33 [G6] **Café Hawelka,** Dorotheergasse 6, Tel. 01 5128230, www.hawelka.com. Das berühmte, von Georg Danzer besungene Café der Künstler und Lebenskünstler mit seinen dunklen Möbeln und den mit Plakaten gespickten vergilbten Wänden wird mittlerweile auch gern von Touristen aufgesucht. Ob zum Kaffee, zu einem kleinen Imbiss oder ab 22 Uhr für die beliebten *Buchteln* (süße gebackene Hefeknödel) ist es nach wie vor einen Besuch wert.

34 [G6] **Café Korb,** Brandstätte 9, Tel. 01 5337215, www.cafekorb.at, WLAN. Unter den Einheimischen eine der beliebtesten Adressen der Inneren Stadt. Stilvoll gestaltetes Interieur im Sinne einer 1960er-Jahre-Lounge. Neben dem vielleicht besten Kaiserschmarrn überhaupt gibt es durchgehend warme Küche.

35 [F6] **Café Landtmann,** Universitätsring 4, Tel. 01 24100111, www.cafe-wien.at, WLAN. Ein Klassiker unter den Cafés! Ob zur Verköstigung der Mehlspeisen aus hauseigener Konditorei, dem Probieren der Leckereien der lokalen Küche oder zum Frühstücken (bis 11.30 Uhr), das Café Landtmann bietet so ziemlich alles. Beliebter Treffpunkt von Schauspielern und Zuschauern aus dem nahe gelegenen Burgtheater, aber auch Touristen sind hier zahlreich anzutreffen.

36 [H6] **Café Prückel,** Stubenring 24, Tel. 01 5126115, www.prueckel.at, WLAN. Ausgesprochen geräumiges, hohes Café, in dem man aufgrund der vielen Tische selten lange auf einen Platz warten muss. Warme Küche, große Vitrine mit Mehlspeisen und hier finden auch häufig Lesungen, Konferenzen oder Präsentationen statt. Mo., Mi. und Fr. ab 19 Uhr Klaviermusik live.

37 [G7] **Café Sacher,** Philharmonikerstraße 4, Tel. 01 51456661, www.sacher.com, WLAN. Der Garten Eden für Sachertorten-Liebhaber hat so ziemlich alles, was das Süßmäulchen erfreut. Hier im Café des Hotel Sacher (s. S. 132)

werden neben der weltberühmten Original Sachertorte – 350.000 werden im Jahr davon produziert! – auch andere exquisite Leckerbissen angeboten.

38 [G7] **Café Schwarzenberg,** Kärntner Ring 17, Tel. 01 512899813, www.cafe-schwarzenberg.at, WLAN. Ein Café der oberen Klasse, mit üppiger Ledereinrichtung und verspiegelten hohen Wänden. Gute warme Küche, kalte Imbisse und ein reichhaltiges Angebot an süßen Verführungen. Mi., Fr., Sa. und So. ab spätem Nachmittag Violin- und Klavierkonzerte.

39 [F7] **Café Sperl,** Gumpendorfer Straße 11, Tel. 01 5864158, www.cafesperl.at, WLAN. Beliebtes und äußerst empfehlenswertes Alt-Wiener-Café. Das Ambiente ist großartig, scheint die Zeit hier doch vor gut 80 Jahren stehengeblieben zu sein. Ideal, um bei einer Melange für weitere Shoppingeskapaden neue Kraft und Energie zu tanken.

40 [G6] **Eis Greissler,** Rotenturmstraße 14, www.eis-greissler.at. Dieser kleine, äußerst beliebte Straßenverkauf bietet neben einer großen Vielfalt an außergewöhnlichen Sorten (z. B. Mohn oder Kürbiskernöl) auch Eis für Veganer!

41 [H6] **Eissalon am Schwedenplatz,** Franz-Josefs-Kai 17, Tel. 01 5331996, geöffnet: März–September. Unter den etwa 105 Sorten (!) gibt es hier Eis aus biologischer Milch, Diabetikereis und sogar veganes Eis. Geradezu himmlisch ist z. B. Nocciolone, Mango oder das Topfeneis!

42 [G6] **Eissalon Tuchlauben,** Tuchlauben 15, Tel. 01 5332553, geöffnet: Mitte März–Ende September. Einfach verführerisch – die langen Schlangen sprechen für sich! Alleine über 20 saisonale Spezialitäten (teils mit frischem Obst garniert).

43 [G6] **Kleines Café,** Franziskanerplatz 3. Das vom Wiener Architekten Hermann Czech gestaltete Kleine Café gilt trotz seiner gemütlichen Atmosphäre und dem leckeren Mokka noch immer als echter Geheimtipp. Neben nur wenigen Plätzen im Inneren werden an sonnigen Tagen auch auf dem Platz davor Stühle und Tische aufgebaut.

44 [G6] **k. u. k. Hofzuckerbäcker Ch. Demel's Söhne,** Kohlmarkt 14, Tel. 01 5351717, www.demel.at. Ein Besuch im ultimativen Süßspeisen-Mekka Wiens ist nicht nur für Torten- und Kuchenliebhaber ein Muss, denn auch das Dekor des ehemaligen Hoflieferanten ist definitiv „ganz großes Kino". Neben diversen klassisch eingerichteten Räumen gibt es eine Schaubackstube (kein Blitzlicht!). Nicht billig.

Empfehlenswerte Lokale

Wiener Küche

In diesen Etablissements wird man fündig, wenn man echte Wiener Spezialitäten genießen möchte:

45 [E7] **Amerlingbeisl** €, Stiftgasse 8, Tel. 01 5261660, www.amerlingbeisl.at. Bei angenehmen Temperaturen ist das Amerlingbeisl durch seinen idyllischen Garten mit hydraulischem Dach ohne Frage die beste Adresse im Biedermeierviertel Spittelberg 30. Österreichische Küche, viel junges Publikum.

46 [G6] **Figlmüller** €€-€€€, Wollzeile 5 (in der Passage), Tel. 01 5126177, www.figlmueller.at. Eines der traditionsreichsten Wiener Beisln mit dem sagenumwobenen, vielleicht weltweit einzigartigen

Preiskategorien

Angaben für ein Hauptgericht pro Person ohne Getränk:

€	bis 10 €
€€	10–15 €
€€€	über 15 €

hauchdünnen Riesenschnitzel. Hier tummeln sich in der Regel viele Touristen. Trotz der manchmal etwas rauen Abfertigung durch die Ober gastronomisch ein echter Hit. Es gibt außerdem noch eine Figlmüller-Filiale um's Eck in der Bäckerstraße 6.

47 [D5] **Gasthaus Müller** €, Payergasse 14, Tel. 01 4062628. Mitten auf dem jungen, trendigen Yppenplatz mit seinen stylischen Lokalen liegt dieses Urgestein der Wiener Gemütlichkeit. Fremde und Einheimische aller Milieus und Couleur treffen sich hier wegen der lukullischen Freuden, der Preise (kaum ein Gericht kostet mehr als 10 €) oder einfach wegen der netten Atmosphäre.

48 [G6] **Gasthaus Pöschl** €€, Weihburggasse 17, Tel. 01 5135288. Kleines aber feines, schlicht gehaltenes Beisl, bei dem nicht nur das Essen und die Weinauswahl, sondern auch die Preise stimmen. Reservierung empfohlen.

49 [F7] **Glacis Beisl** €€, Breite Gasse 4, Tel. 01 5265660, www.glacisbeisl.at. Gerichte der klassischen Wiener Hausmannskost wie Grammelknödel oder Krautfleckerln, aber auch Exklusiveres gibts in diesem gemütlichen Gasthaus mit lauschigem Gastgarten.

50 [H7] **Gmoa Keller** €€, Am Heumarkt 25, Tel. 01 7125310. Unweit des Intercontinental Hotels liegt dieses urige Wiener Beisl, mit reichlich Schmankerln, darunter auch durchaus ausgefallene Köstlichkeiten der böhmisch inspirierten Küche.

51 [H6] **Plachutta** €€€, Wollzeile 38, Tel. 01 5121577, www.plachutta.at. Traditionsreiches Paradies für all diejenigen, die es nach Fleisch gelüstet. Besonders gut ist das gekochte Rindfleisch in Form des legendären Wiener Tafelspitz. Aber auch andere Spezialitäten sind durchaus empfehlenswert.

52 [G6] **Reinthaler's Beisl** €, Dorotheergasse 4, Tel. 01 5131249. In diesem gemütlichen, holzgetäfelten Beisl mit mehreren kleinen Sitzecken gibt es rustikale Wiener Küche. Einheimische lieben vor allem die gar köstliche gebackene Leber, aber auch sonst ist das Essen beim Reinthaler nicht „von schlechten Köchen".

53 [J5] **Schweizerhaus** €-€€, Prater 116, Tel. 01 7280152, www.schweizerhaus.at, geöffnet: 15. März–31. Oktober. Vor allem wegen des 1800 Personen fassenden Gastgartens und der extrem knusprigen *Stelze* (Eisbein) ist das Schweizerhaus die spektakulärste Adresse, wenn es ums Essen im Prater geht. Die Speisen sind durchwegs böhmisch inspiriert. Bierfans werden auch das Budweiser vom Fass nicht verschmähen!

54 [F8] **Zum Alten Fassl** €€, Ziegelofengasse 37, Tel. 01 5444298, www.zum-alten-fassl.at. Noch mehr Wien als in diesem urigen Beisl geht kaum. Ob Wild, Gans, *Beuschel* (Kalbslungenragout), *Blunzngröstel* (gebratene Blutwurst) oder auch vegetarische Speisen – wirklich ein Gedicht.

Toplokale

Wie die Überschrift vermuten lässt: Hier zahlt man meist kräftig, allerdings für gute Qualität, ordentliche Portionen und hervorragenden Service. Für ein Hauptgericht sollte man mit 20–35 Euro rechnen, allerdings gibt es auch hier häufig Menüs zu Fixpreisen.

55 Lusthaus €€€, Freudenau 254, Tel. 01 7289565, www.lusthaus-wien.at. Am Ende der Hauptallee im Prater **24** liegt

„A Haaße mit am Schoafn" – eine Heiße mit scharfem Senf – ist für viele Wiener das Lebenselixier schlechthin

The Art of Würstel

Was heißt Fast Food auf Wienerisch? Ganz einfach: Würstelstand! Über praktisch die ganze Stadt verteilt (angeblich gibt es 869 an der Zahl) findet man sie, die kleinen Imbissbuden, an denen sich ob vormittags, ob spät in der Nacht Wiener aller Gesellschaftsschichten einfinden, um ein schnelles Würstel zu sich zu nehmen. Und – man möge es dem Autor glauben! – das ist in der Regel eine echte gastronomische Offenbarung. Allerdings muss man dazu ein bisschen Grundwissen mitbringen. Zwar bekommt man am Würstelstand mittlerweile auch solch unwienerische Gaumenfreuden wie Hotdog oder Currywurst, der echte Connaisseur bestellt dagegen eine „Käsekrainer" (also eine mit Käse gefüllte Schweinerindswurst), „Burenwurst" (grobe Brühwurst), „Frankfurter" (Wiener), „Waldviertler" (geräucherte Fleischwurst), „Debreziner" (geräucherte Wurst mit edelsüßem Paprika gewürzt in heißem Wasser gekocht) oder eine „Bosna" (gewürzte Bratwurst mit Senf und Zwiebeln im aufgeschnittenen Weißbrot). Serviert werden diese übrigens immer auf dem obligaten Pappteller, mit süßem oder scharfem Senf oder wahlweise Ketchup sowie einem Stück Brot oder einer „Semmel" (Brötchen). Daneben gibt es in Öl eingelegte „Pfefferoni" (Peperoni) verschiedener Schärfegrade, Salz- oder Essiggurken und geriebenen „Kren" (Meerrettich), aber natürlich auch Getränke.

Um amtierende Master-of-the-Art-of-Würstel zu erleben, empfiehlt sich ein Besuch an einem der besten und beliebtesten Würstelstände zwischen Würshtington und Wladiwürstok: z. B. an dem am Hohen Markt (Nähe Judengasse 4*), unweit der Ankeruhr, am Schwedenplatz* 6*, direkt bei der U-Bahn-Station, am Schwarzenbergplatz, bei der Oper (Kärntner Straße/Ecke Ringstraße)* 12 *sowie an dem vom österreichischen Architekten und Designer Hans Hollein entworfenen Stand vor der Albertina* 13*.*

023wi Abb.: dk

dieses Jagdschlösschen im josephinischen Stil. Man speist hier vornehmlich mittags an einem schönen Tag im nostalgisch anmutenden Inneren oder auf der großzügigen Terrasse. Serviert wird gehobene österreichische Küche und Süßes aus der eigenen Konditorei. Nur von Mai bis September geöffnet. Alternativ steht das Alte Jägerhaus gegenüber zur Verfügung.

56 [H6] **Österreicher im MAK** €€-€€€, Stubenring 5, Tel. 01 7140121, www.oesterreicherimmak.at. „Altbekanntes neu erfunden" bezeichnet wohl am besten, was Meisterkoch Helmut Österreicher in diesem, einer französischen Brasserie nachempfundenen Gasthaus auf die Teller bringt. Klassische Wiener Küche wird hier modern zubereitet, ohne dass dabei die Authentizität leidet. Neben der Karte gibt es einen täglich wechselnden MAK-Tagesteller.

57 [G6] **Restaurant DO & CO** €€€, Stephansplatz 12, Tel. 01 5353959, www.doco.com. Der Gourmettempel des Gastronomen Attila Dogudan ist ein Allround-Fest für die Sinne. Mit Blick auf den Stephansdom speist man hier im schlichten, aber repräsentativen Ambiente so attraktiv wie sonst kaum irgendwo in der Inneren Stadt. Die Küche ist ein Potpourri aus asiatischen und Wiener Spezialitäten mit einem leicht nordamerikanischen Einschlag.

58 [H7] **Steirereck** €€€, Am Heumarkt 2, Tel. 01 7133168, www.steirereck.at. Zweifelsohne eines der besten Restaurants Österreichs! Das im Neo-Design gehaltene Restaurant in der alten Meierei des Stadtparks – mit nettem Blick auf den Wienfluss – serviert zeitgemäße österreichische Nouvelle Cuisine in hoher Qualität. Und wer nach dem angebotenen 6-Gänge-Menü noch Hunger haben sollte, auf dem Käsewagen sind 150 (!) Sorten von Appenzeller bis Ziger zu verkosten!

In Wien kocht die Welt

Die Wiener Küche ist vielleicht nicht jedermanns Sache und nach ein paar Tagen sehnt man sich vielleicht nach etwas Exotik, daher hier ein paar Adressen von Lokalen, die geschmacklich weit weg von der Donau führen.

59 [G6] **Bodega Marqués** €€-€€€, Parisergasse 1, Tel. 01 5339170, www.bodegamarques.at. Der beste Spanier Wiens! Kaum ein bekannter Wein Iberiens, der sich nicht auf der Karte findet und die extravaganten Tapaskreationen sind schlichtweg die Wucht.

60 [F5] **Der Wiener Deewan** €, Liechtensteinstraße 10, Tel. 01 9251185. Pakistanische Currys im urban-stylishen Dekor. Man bedient sich am Büffet selbst – viele vegetarische Gerichte – und es gibt eine unkonventionelle Preispolitik: Jeder zahlt für das Essen nur, wie viel er will bzw. als angemessen empfindet (Getränke haben Fixpreise).

61 [D6] **Kent** €€, Brunnengasse 67, Tel. 01 4059173, www.kentrestaurant.at. Wiens größtes und lebendigstes türkisches Lokal besticht durch seine Authentizität.

62 [E4] **Kim kocht** €€-€€€, Währinger Straße 46, Tel. 0664 4258866, www.kimkocht.at. Seit 2001 ist die Südkoreanerin Kim ein leuchtender Stern am österreichischen Gourmethimmel. Wer stilvoll ostasiatisch speisen möchte, macht hier nichts verkehrt. Reservierung erforderlich.

63 [F7] **Neni** €, Naschmarkt Stand 510, Tel. 01 5852020. Im südwestlichen Teil des Naschmarktes liegt dieses unter jungen Leuten äußerst beliebte Lokal, in dem es neben Bagels, Wraps, Salaten und israelisch angehauchten kleinen Gerichten auch eine Espresso-Bar und am Wochenende sogar Live-DJs gibt.

64 [F8] **ON**, Wehrgasse 8, Tel. 01 5854900, www.restaurant-on.

EXTRATIPPS

Lecker vegetarisch

Bei all der fleischlastigen Wiener Kost mag einem schnell mal der Sinn nach Fleischlosem stehen. In den meisten Restaurants Wiens, aber speziell im **Amerlingbeisl** (s. S. 79), **Gmoa Keller** (s. S. 80), **Lusthaus** (s. S. 80), **Österreicher im MAK** (s. S. 82), **Steirereck** (s. S. 82) oder im **Zum Alten Fassl** (s. S. 80) findet man vegetarische Leckerbissen. Und zwar ganzjährig mit saisonalen Extras wie zur Eierschwammerl- (Pfifferlinge) oder Marchfelder Spargelzeit. Weiterhin bieten so ziemlich alle in diesem Buch empfohlenen Kaffeehäuser vegetarische Speisen an und selbst an den Theken der Heurigen gibt es reichlich Fleischloses wie Salate, eingelegtes Gemüse oder Brotaufstriche (z. B. Liptauer aus Quark und Paprika).

Dinner for one

Wer alleine unterwegs ist, der kann in praktisch jedem hier erwähnten Lokal sorgenlos speisen. Besonders angenehm unter den Wiener Lokalen sind dabei das **Gasthaus Pöschl** (s. S. 80), der **Figlmüller** (s. S. 79), der **Plachutta** (s. S. 80) und das **Glacis Beisl** (s. S. 80). Und wer nicht mehr alleine bleiben will? Kein Problem! Die Wiener sind in der Regel äußerst redselig und scheuen sich nicht, mit Fremden ins Gespräch zu kommen. Wichtig ist es dabei, nicht zu ernst und seriös zu sein, sondern diesen spontanen Treffen mit Humor – dem berühmten Wiener „Schmäh" – zu begegnen. So ziemlich alle Pubs und Bars des „Bermudadreiecks" 4, aber auch das **1516 Brewing Company** (s. S. 87) oder **Loos-Bar** (s. S. 87) eignen sich, um allein einen Drink zu heben und dabei vielleicht mit „echten Eingeborenen" ins Gespräch zu kommen. Nur Mut!

Lokale mit guter Aussicht

Wer mit Weitblick speisen möchte, dem seien zuallererst das **Lusthaus** (s. S. 80) im grünsten Teil des Praters, das **Restaurant DO & CO** (s. S. 82) mit garantiertem Stephansplatzpanorama, das **Steirereck** (s. S. 82) im Stadtpark und das **Café Gloriette** (s. S. 78), etwas erhöht inmitten des Schlossparks Schönbrunn gelegen empfohlen. Für einen Drink empfiehlt sich die **Skybar** im Kaufhaus Steffl (s. S. 97).

Für den späten Hunger

Nach einem Klubbesuch ist es in Wien nicht gerade ein Leichtes, in angenehmer Umgebung etwas zum Essen aufzutreiben. Mit die einzigen Ausnahmen indoor bieten das **Café Europa** (s. S. 78) und einige Lokale in der Schleifmühlgasse und im „Bermudadreieck" 4, in denen die Küchen jeweils bis 4 Uhr morgens geöffnet haben. Als Alternative gibt es außerdem die **Würstelstände** (s. S. 81).

at. Äußerst leckere Fusionküche mit Spezialitäten aus China, allesamt mit einem Hauch Wien, gibt es in diesem stylischen Lokal im 5. Bezirk. Die absolute Topadresse an der Donau für Stäbchenfetischisten!

65 [F7] **I Ragazzi** €, Burggasse 6–8, Tel. 01 5226325, www.iragazzi.at. Super Holzofenpizza und leckere Pasta gibt es in dieser lebendigen Trattoria. Neben ausgewählten Weinen bekommt man original italienischen Schinken, der auf der alten Schneidemaschine vor den Gästen hauchdünn geschnitten wird.

Der kleine Snack zwischendurch

Es muss ja nicht immer Schnitzel oder Gulasch sein! Wien verfügt über viele Lokalitäten, in denen man auch mal schnell den kleinen Hunger bekämpfen kann. Die beiden bekanntesten sind:

Wiens feucht-fröhliche Seite – Ausg'steckt is!

Zumindest unter Weintrinkern dürfte in Wien immer noch ein Kaiser der vergangenen Donaumonarchie besonders beliebt sein: Kaiser Joseph II. Es war nämlich er, der im Jahre 1784 verordnete, dass Weinhauer – der österreichische Begriff für Winzer – selbst angebauten Wein im eigenen Haus ohne besondere Lizenz ausschenken dürfen. Bis heute findet man hier die ***Heurigenlokale,*** *nach dem Heurigen genannten Jungwein bezeichnete Weinschänken.*

Neben Wein werden dem Gast in den Heurigenlokalen aber auch kalte Snacks, oft auch warme Speisen angeboten. Beim Heurigen herrscht in der Regel – dem Alkoholspiegel der Gäste entsprechend – eine heitere, oftmals direkt ausgelassene Stimmung, die häufig noch zusätzlich mit volkstümlicher Livemusik – die sogenannten Schrammelmusik – angeheizt wird.

Ein Besuch in einer dieser Schänken ist durchaus ein ganz besonderes ***wienerisches Erlebnis.*** *Aber Vorsicht: die Lokale – sieht man von den touristischeren in der Inneren Stadt und in Grinzing* 35 *einmal ab – haben normalerweise* ***nicht ganzjährig geöffnet,*** *sondern nur einige Wochen pro Saison, in denen der Weinhauer als Erkennungszeichen einen Föhrenzweig am Eingang aussteckt. Ist man nicht gerade eh in der Gegend, ist ein Kontrollanruf, ob bei der entsprechenden Lokalität „ausg'steckt is", folglich unbedingt zu empfehlen.*

66 [G6] **Schwarzes Kameel,** Bognergasse 5, Tel. 01 5338125, www.kameel.at. Dieses im Jugendstil gestaltete Nobelrestaurant verfügt im vorderen Bereich – neben einer Feinkosthandlung – über einen Stehimbiss mit sagenhaften Brötchen (0,95–3 €), Sandwiches (vor allem die mit Schinken), aber auch täglich wechselnden Suppen.

67 [G6] **Trześniewski,** Dorotheergasse 1, Tel. 01 5123291, www.speckmitei.at. Die kultig unaussprechlich guten Brötchen sind eine „Wiener Institution". In diesem Lokal erhält man an der Theke kleine, mit verschiedenen Pasteten und Aufstrichen angerichtete Brote (0,90–2,50 €), die man dann an Stehtischen genüsslich verschlingt. Die optimale Stärkung für zwischendurch. Traditionell trinkt man dazu einen *Pfiff* (ein 0,1 l Glas frisch gezapftes Bier). Trześniewski-Outlets gibt es auch auf dem Rochusmarkt (s. S. 97) und in der Mariahilfer Straße 95 29.

Heurigenlokale

Die höchste Heurigendichte Wiens liegt in Grinzing und Stammersdorf, aber auch in der Inneren Stadt kann man sich einen Einblick in diesen einmalig wienerischen Zeitvertreib verschaffen. Preislich sollte man für ein bis zwei Viertelliter Wein und ein paar kleine Snacks beim Heurigen mit ca. 8–15 € pro Person rechnen.

68 [A5] **10er Marie,** Ottakringer Straße 222–224, www.fuhrgassl-huber.at, Tel. 01 4894647. Dieser rustikale Heurige, im anno 1740 gebauten Gewölbe gelegen, ist einer der beliebtesten Wiens. Allerdings liegt er etwas außerhalb im 16. Bezirk (Anfahrt: U-Bahn-Station Ottakring, danach 3 Min. zu Fuß oder Straßenbahn Linie 2 bis Johannes-Krawarik-Gasse).

69 [G6] **Augustinerkeller,** Augustinerstraße 1, Tel. 01 5331026, www.bitzinger.at. Eine Mischung aus Heuri-

EXTRATIPP

Stammersdorf – ein Stück echtes Wien

Eine der definitiv authentischsten Heurigengegenden Wiens ist das malerisch am Südosthang des Bisambergs, also schon fast in Niederösterreich, gelegene Stammersdorf. Es mag daran liegen, dass man ein bisschen „unterwegs" ist, bis man den letzten Bezirksteil von Floridsdorf - dem 21. Gemeindebezirk - im äußersten Nordosten der Stadt erreicht, dass hier noch ein bisserl der „alten Zeit" tickt. Folglich erlebt man in Stammersdorf noch etwas der **wahren Seele Wiens** wie sonst nur mehr an wenigen Orten.

Die meisten Heurigen befinden sich im alten Dorfkern westlich der zunehmend verbauten Brünner Straße in der Stammersdorfer Straße. In dieser Gegend gibt es an die 30 Lokale und Buschenschänken, von denen im Besonderen der **Heurige Wieninger** und der **Winzerhof Leopold** empfohlen werden müssen.

Nicht ganz so viel Trubel herrscht in der nach Norden verlaufenden Stammersdorfer Kellergasse, wo unter mehreren Lokalen speziell der **Heurige Göbel** (Tel. 01 2948420) auf der Nr. 151 mit schönem Gastgarten heraussticht.

› **Anfahrt:** Straßenbahnhaltestelle Stammersdorf (Linien 30 ab Floridsdorf oder 31 ab Schottenring und Floridsdorf) von dort ca. 550 m zu Fuß; ansonsten per Taxi ab der U-Bahn-Haltestelle Leopoldau

75 Wieninger, Stammersdorfer Straße 78, Tel. 01 2924106

76 Winzerhof Leopold, Stammersdorfer Straße 18, Tel. 01 2921356

gem und Restaurant, wo man außer dem Büffet auch Essen à la carte bekommt. An sich eine angenehme und zentrale Adresse, in der Hauptsaison kann es durch die zahlreichen Touristengruppen aber recht voll werden.

70 [G6] **Esterházykeller,** Haarhof 1, Tel. 01 5333482, www.esterhazykeller.at. Wie der Name erahnen lässt, befindet sich dieser Stadtheurige in der Tiefe, und zwar in einem riesigen, aus mehreren Extraräumen bestehenden Volkskeller. Besonders im Herbst und Winter ein Erlebnis der Extraklasse, und das mitten im Zentrum!

71 Mayer am Pfarrplatz, Pfarrplatz 2, Tel. 01 3701287, www.pfarrplatz.at. Ein Edelheuriger in einem romantischen alten Bauernhaus, in dem 1817 Beethoven wohnte und das seither angeblich von außen nicht verändert wurde. Hier gibt es Spitzenweine, die schon so manche Medaille gewonnen haben. Täglich zwischen 19 und 24 Uhr Heurigenmusik live.

72 Schübel-Auer, Zahnradbahnstraße 17, Tel. 01 3702222. Die bereits seit 1711 bestehende Weinschänke in Nussdorf ist ein freundlicher Familienbetrieb mit guten Weinen aus eigenem Anbau. Besonders gemütlich sitzt man in den separaten „Stüberln". Hier ist es weniger touristisch als bei Adressen in Grinzing!

73 [Karte I] **Weinhof Zimmermann,** Mitterwurzergasse 20, Tel. 01 4401207, www.weinhof-zimmermann.at. Mitten in den Weinbergen am Rande Wiens gelegen, ist dieser Heurige mit seinem großem Naturgastgarten die Topadresse in Sachen Erholung im Grünen. Sehr kinderfreundlich mit Spielplatz und etlichen Kleintieren.

74 [G6] **Zwölf-Apostelkeller,** Sonnenfelsgasse 3, www.zwoelf-apostelkeller.at, Tel. 01 5126777. Dieser Heurige ist in mehreren unterirdischen Etagen untergebracht. Reiches Büffet und mittwochs bis freitags wird ab 19 Uhr lebhafte Heurigenmusik gespielt.

024wi Abb.: mw

Wien am Abend

„Hoiba zwöfe, die Stimmung ist dahin, weil um hoiba zwöfe is' finster in mein Wien ..." sang Austropopper Wolfgang Ambros 1976 in seinem Lied „Hoiba zwöfe" (Halb zwölf) und zog darin das Wiener Nightlife nach Strich und Faden durch den Kakao. Seitdem hat sich ordentlich was getan und an der schönen blauen Donau geht seit vielen Jahren auch wieder zu später Stunde noch ganz gewaltig die Post ab. Ob Kneipen, Bars, Livemusik, Klubs oder Discos – Wien rockt!

Nachtleben

Die Gegenden mit den „kürzesten Nächten" – aber trotzdem Ü30-tauglich – sind die Judengasse und das „Bermudadreieck" 4 sowie der Spittelberg 30 und Teile der angrenzenden Mariahilfer Straße 29, aber neuerdings auch das Gebiet in und rund um die Schleifmühlgasse, unweit des Naschmarktes 28 sowie der äußerst beliebte Yppenplatz [C5].

Besonders erwähnt werden muss an dieser Stelle auch das auf der Donauinsel (s. S. 99) gelegene Lokal- und Ausgehviertel, das sich unter dem Namen **Copa Cagrana** – in Anlehnung an den Namen des angrenzenden Stadtteils Kagran – inzwischen zu einem der Drehpunkte des Wiener Nachtlebens der Sommermonate entwickelt hat.

◁ Im Prater 24 ist in den Sommermonaten bis spät in die Nacht etwas los!

An einem Wochenende, gewöhnlich Ende Juni, findet jährlich auch das dreitägige **Donauinselfest** statt, das mit mehr als 1 Mio. Besuchern pro Tag (freier Eintritt!) das größte Open-Air-Festival Europas ist.

Bars und Kneipen

77 [G7] **1516 Brewing Company,** Schwarzenbergstraße 2/Ecke Krugerstraße, Tel. 01 9611516, www.1516brewingcompany.com, tgl. 10–2 Uhr. Das vielfach preisgekrönte Eigenbrau-Bier kann getrost als eines der „geschmackigsten" östlich vom Oktoberfest und südlich von Pilsen bezeichnet werden. Viele Sportfans, da hier diverse Spiele auf einem großen Flatscreen-Bildschirm übertragen werden.

78 [F7] **Aux Gazelles,** Rahlgasse 5, Tel. 01 5856645, www.auxgazelles.at, Öffnungszeiten siehe Website. In der vielleicht schönsten Lounge der Stadt wird man in einen orientalischen Tempel der Sinne „entführt". Das Aux Gazelles bietet so ziemlich allen Erwartungen etwas: ob Bar, Café, Brasserie mit maghrebinischen Gerichten, Kaviar- und Austernbar, Deli, Salon de Thé, Basar und sogar orientalisches Dampfbad – schlichtweg sensationell!

79 [F7] **Café Anzengruber,** Schleifmühlgasse 19, Tel. 01 5878297, Mo.–Sa. 11–2 Uhr. Tagsüber ein Café und abends ein angesagtes Bier- und Weinlokal, das zu später Stunde ein Magnet für Nachteulen ist. Auch bei den nicht mehr ganz jungen Semestern beliebt.

80 [G6] **Café Bar Bloom,** Rotenturmstraße 15, Tel. 01 5322244, www.cafebarbloom.at, tägl. 8–24, Do.–Sa. 8–2 Uhr. Das Bloom gehört zu den meistfrequentierten Adressen der In-Szene der Stadt. Dank der Dachterrasse ist es eine der erlebenswertesten Adressen in der City. Tagsüber ein ganz normales Café, abends dagegen eine hippe Bar mit ausgezeichneter Getränkeauswahl.

81 [G6] **Danzón,** Johannesgasse 3, Tel. 0676 5505840, www.facebook.com/danzonvienna, Di. 18–2, Mi./Do. 18–4 und Fr./Sa. 18–6 Uhr. Leckere Cocktails und lateinamerikanische Rhythmen – häufig sogar Livemusik – machen das Danzón zu einer angesagten Adresse für alle Fernwehgeplagten.

82 [G6] **Krah-Krah,** Rabensteig 8, Tel. 01 5338193, www.krah-krah.at, tägl. 11–2 Uhr. Die älteste Kneipe im „Bermudadreieck" 4 ist ein klassisches und dennoch lebendiges Bierlokal mit knapp 60 Sorten des feinen Hopfen- und Malztrunkes. Dazu gibt es eine bemerkenswerte Speiseauswahl.

83 [G6] **Loos-Bar,** Kärntner Durchgang 10, Tel. 01 5123283, www.loosbar.at, tägl. 12–4 Uhr. Die architektonisch sehenswerteste Bar Wiens ist zweifellos die kleine, feine von Adolf Loos 1907–1908 im klassischen, klaren und schnörkellosen Jugendstil erbaute Loos-Bar. Sehenswert ist hier neben der Innenraumgestaltung auch speziell die Toilette mit dem Endlos-Spiegel. Gute Cocktails (tgl. 15–16 Uhr Happy Hour).

84 [H6] **Motto am Fluss,** Franz-Josefs-Kai 2, Tel. 01 2525510, www.motto.at/mottoamfluss. Auf der Anlegestation der Schnellboote nach Bratislava liegt diese riesige Café-Bar mit angeschlossenem Restaurant samt Terrasse, die gerade zu fortgeschrittener Stunde zur ultimativen Partylocation mutiert. Doch auch wegen seiner hervorragenden Küche ist das Motto am Fluss sehr beliebt.

85 [G5] **Planter's Club,** Zelinkagasse 4, Tel. 01 5333393, www.livingstone.at, Mo.–Sa. 17–0.30 Uhr. Da bleibt keine Kehle trocken! Diese trendige Bar im Kolonialstil hat die umfassendste Getränkekarte der Stadt. Alleine 300 Cocktails, Unmengen an verschiedensten Whisk(e)ys, Cognacs, Rumsorten etc.

86 [E5] **Stiegl-Ambulanz,** im alten AKH, Alserstraße 4, Zugang über Spittalgasse 2, Tel. 01 4021150, www.stiegl-ambulanz.com, 8.30–24, Fr./Sa. bis 1 Uhr. In diesem gewaltig großen Bierlokal mit dazugehörigem Biergarten steppt speziell im Sommer der Bär. Das Hausbier Stiegl fließt dann in Strömen und passt perfekt zur deftigen Hausmannskost, die bis 24 Uhr bestellt werden kann.

Livemusik, Klubs und Discos

Wem mehr nach Liveacts oder Tanzbeinschwingen ist, der sollte die ein oder andere angesagte Adresse der folgenden Liste frequentieren. Die Eintrittspreise bewegen sich zwischen 5 und 15 €, gerade in den großen Klubs sind die Getränkepreise aber meist happig.

87 [G7] **Bettel-Alm,** Johannesgasse 12, Tel. 0664 88513170, www.bettel-alm.at, Di.–Do. 21–4, Fr./Sa. 21–6 Uhr. Hüttengaudi in Wien? In der Bettel-Alm bekommt man alpenländische Partylaune bei freiem Eintritt und sensationell günstigen Getränkepreisen in einem einer Skihütte nachempfundenen Kellerklub. Kein Wunder, dass hier immer was los ist, doch ist die Bettel-Alm kaum zum (nüchternen) „Vorglühen" geeignet.

88 [G5] **Flex,** Donaukanal (Abgang Augartenbrücke), Tel. 01 5337525, www.flex.at, tgl. 18–4 Uhr. Hier legen international renommierte DJs auf, jedoch liegt der Schwerpunkt auf alternativer Musik, mit einem Hang zu Impro-klängen. Ab und zu Livebands, Filmvorführungen und ein Gastgarten direkt am Donaukanal machen das Flex zu einem altbewährten Allrounder der Wiener Nachtszene.

89 [F7] **Passage,** Burgring 1, Tel. 01 9618800, www.club-passage.at, Mi./Do. 22–5, Fr./Sa. 23–5 Uhr. Seit einigen Jahren ist das Passage – eine ehemalige Fußgängerunterführung unter der Ringstraße – die angesagteste Clubbingadresse Wiens. Internationale DJs (House, Elektro etc.), schickes Interieur und über 50 verschiedene Wodkasorten. (Besser keine Turnschuhe.)

90 [I5] **Prater Dome,** Riesenradplatz 7, Tel. 01 9081192900, www.praterdome.at, Do.–Sa. 22–6 Uhr. Mit vier Dancefloors derzeitig die größte Disco Österreichs. Vorwiegend junges (18–25) Publikum und musikalischer Schwerpunkt ist House und Dance, aber es gibt auch einen Soul-, Chill-out- und „Alpenstadl"-Bereich (mit Après-Ski-Stimmung).

91 [G6] **Roter Engel,** Rabensteig 5, Tel. 01 5354105, www.roterengel.at, tgl. 17–4. Unter dem Motto „the voice of Vienna" geht hier allabendlich nach etwa 22 Uhr musikalisch (DJs) gewaltig die Post ab. Vorher ist der Rote Engel – eine Lokallegende, die seit den 1980er-

100wi Abb.: fo © JFL Photography

Jahren besteht – eine chillige Warm-up Cocktailbar.

92 [C9] **U4,** Schönbrunner Straße 222, Tel. 01 8171192, www.u4.at, Di.–So. 22–6 Uhr. Die bekannteste Disco Wiens ist ursprünglich als Treffpunkt der Undergroundszene entstanden, neigt heutzutage aber zu Mainstreamklängen der Elektronikmusik.

93 [F6] **Volksgarten Clubdiscothek,** Burgring, www.volksgarten.at, Tel. 01 5324241, tgl. 20–4 Uhr. Top-Nightspot mit erstaunlich abwechslungsreichen Events. Allerdings geht es hier relativ exklusiv zu (besser keine Turnschuhe). Neben der Disco ist auch die nebenan im Volksgarten gelegene chillig-schicke Lounge-Bar zu empfehlen.

Theater und Konzerte

Durch ihren Ruf, eine der Kulturhauptstädte Europas zu sein, lockt Wien von jeher musik-, schauspiel- und tanzinteressierte Besucher aus aller Welt an. Wer in Wien weilt, sollte zumindest einen Abend der Bühnenkunst „opfern".

Tickets können direkt bei den jeweiligen Etablissements gekauft werden (meist auch online oder telefonisch per Kreditkarte) oder über Wien Ticket (www.wien-ticket.at). Opern- und Burgtheaterkarten bekommt man zudem am Verkaufspavillon am Herbert-von-Karajan-Platz an der Staatsoper 12 (tgl. 10–19 Uhr). Die Preise für eine Vorstellung müssen übrigens selbst in den Traditionshäusern nicht zwangsläufig gesalzen sein, da es fast immer preisgünstige Varianten (wie Stehplätze oder Restkarten kurz vor Beginn) gibt.

Das Burgtheater 21 ist bis heute das Traditionshaus der deutschsprachigen Bühnenkunst

Wessen Hauptaugenmerk gar auf Opern- und Klassikkonzertbesuchen liegt, der sollte elegante **Kleidung** dabei haben, denn hierauf wird immer noch sehr großer Wert gelegt.

Theater und Kabarett

21 [F6] **Burgtheater.** Das zweitälteste Theater Europas und gleichzeitig größte Sprechtheater des deutschsprachigen Raums hat vor allem klassische Stücke auf dem Programm. Dabei sind die Interpretationen der „Burg" alles andere als altmodisch oder öde – im Gegenteil, die Inszenierungen strotzen meist vor Unkonventionalität und Moderne.

94 [H6] **Kabarett Simpl,** Wollzeile 36, Tel. 01 5124742, www.simpl.at. Das älteste noch immer bespielte deutschsprachige Kabarett wurde im Jahre 1912 gegründet. Zwar sind die heute hier aufgeführten Programme nicht mehr so politisch brisant wie noch in den 1950er- und 1960er-Jahren oder gar in der Zwischenkriegszeit, aber Lacher sind hier von jeher garantiert.

95 [H6] **Kammerspiele,** Fleischmarkt 1, Tel. 01 427000, www.josefstadt.org. Dieses kleine Theater hat sich auf satirische, oftmals zeitgenössische Stücke spezialisiert.

96 [E7] **KosmosTheater,** Siebensterngasse 42, www.kosmostheater.at, Tel. 01 5231226. Ursprünglich als reines Frauentheater gegründet, widmet sich das Kosmos heute zeitgenössischer Kunst aller Sparten wie Performances, Tanz, Musik. Auch gesellschaftskritisches Kabarett steht auf dem Programm.

97 [A6] **Original Wiener Stegreifbühne,** Maroltingergasse 43, U-Bahn-Station Kendlerstraße, Tel. 01 9145414, www.tschauner.at. In diesem Theater spielt in den Sommermonaten allabendlich ein perfekt aufeinander eingespieltes Ensemble volkstümliche – im Dialekt verfasste – Lust- und Singspiele, bei denen reichlich improvisiert wird und die Schauspieler untereinander unvorhergesehene Pointen ausspielen und die Kollegen auf der Bühne sowie das Publikum mit einbeziehen.

98 [H6] **Theater Drachengasse,** Fleischmarkt 22, www.drachengasse.at, Tel. 01 5131444. Schwerpunkt sind hier zeitgenössische, kontroverse Stücke, die nicht nur unterhalten, sondern auch zum Nachdenken anregen.

99 [E6] **Theater in der Josefstadt,** Josefstädter Straße 26, Tel. 01 427000, www.josefstadt.org. Ein prunkvolles Theater, das im venezianischen Stil mit rotem Damast, Goldschmuck und Kristallkronleuchtern ausgestattet ist. Es wurde 1788 gegründet und hier werden viele österreichische und speziell Wiener Autoren wie Johann Nestroy oder Fer-

EXTRATIPP

Kino unter Sternen

Normalerweise findet im Juli auf dem Karlsplatz 10 ein abendliches Open-Air-Kino (www.kinountersternen.at) statt, 2017 ist dies leider aufgrund von Streitigkeiten mit der Stadt nicht der Fall. Ob man in Zukunft wieder auf einer 200 m² großen Leinwand Filme in Originalfassung mit Untertiteln anschauen kann, steht noch in den Sternen. Gewöhnlich werden öffentlich schwer zugängliche Klassiker, Premieren und populäre Filmen gezeigt. Man sitzt auf einer Tribüne und der Film startet nach Einbruch der Dunkelheit (ggf. Pulli oder Decke mitnehmen).

EXTRAINFO

Kleiderordnung

Kleidungstechnisch sind zwar die Zeiten vorbei, in denen Krawatte für den Herrn und Abendkleid für die Dame obligatorisch waren, aber Theaterbesuchern wird ein angemessenes, nicht zu legeres Outfit nach wie vor empfohlen.

dinand Raimund inszeniert. Aber auch gesellschaftskritische Stücke aus der Zeit des Fin de Siècle, z. B. von Arthur Schnitzler oder Ödön von Horváth stehen regelmäßig auf dem Programm.

100 [F6] **Volkstheater,** Neustiftgasse 1, Tel. 01 521110, www.volkstheater.at. Das zweite große Theater Wiens, in dem neben Klassikern vor allem zeitgenössische und experimentelle Stücke (darunter viele österreichische) aufgeführt werden. Nicht nur nach einer Vorstellung empfiehlt sich ein Besuch der ebenfalls im Gebäude befindlichen Roten Bar.

Konzerte, Opern, Operetten, Musicals

101 [H6] **Galerie Alte Schmiede,** Schönlaterngasse 9, Tel. 01 524446, www.alte-schmiede.at. In diesem Kulturzentrum finden ausgefallene, aber meist äußerst interessante Konzerte und Lesungen statt. Der ideale Ort, um etwas von der zeitgenössischen Kunstszene mitzubekommen.

102 [H6] **Kammeroper,** Fleischmarkt 24, www.theater-wien.at, Tel. 01 58885. Die Bühne steht für eher ausgefallene, selten aufgeführte Raritäten der Operngeschichte wie die italienische Opera Buffa, die Barockoper und unverwechselbare Operetten und Musicals.

103 [H7] **Konzerthaus,** Lothringerstraße 20, Tel. 01 58705040, www.konzerthaus.at. Die Hauptspielstätte der Wiener Symphoniker, des Wiener Kammerorchesters und der Klangform Wien führt auch Konzerte anderer internationaler Orchester, Solisten und Kammermusikensembles auf.

104 [D8] **Raimundtheater,** Wallgasse 18–20, Tel. 01 58885, www.musicalvienna.at. Ursprünglich als Bühne für klassische Volksstücke gegründet, werden im Raimundtheater vorrangig Musicals und Operetten aufgeführt.

12 [G7] **Staatsoper.** Auch die ruhmreiche Staatsoper ist im internationalen Vergleich ganz vorne dabei. Vorrangig konservative Interpretationen klassischer Opern, obwohl auch Operetten und Ballett auf dem Programm stehen, und das bei durchweg brillanter Besetzung.

081wi Abb.: dk

Um Tickets für Konzerte, Opern, Operetten oder Musicals sollte man sich möglichst früh kümmern

105 [F7] **Theater an der Wien,** Linke Wienzeile 6, Tel. 01 58885, www.theater-wien.at. Das ehemals als Oper gebaute Haus beherbergt heute die beliebteste Musicalbühne der Stadt, zeigt aber seit 2006 – dem 250. Geburtsjahr Mozarts – auch wieder Opern.

106 [E4] **Volksoper,** Währinger Straße 78, www.volksoper.at, Tel. 01 514443318. Neben der Staatsoper ist dies das zweite große – und ebenso seriöse – Opernhaus der Stadt, in dem aber auch Operetten, Musicals, Tanztheater oder Ballett gezeigt werden stehen.

107 [G7] **Wiener Musikverein,** Bösendorferstr. 12, Tel. 01 5058190, www.musikverein.at. Der Sitz der Gesellschaft der Musikfreunde in Wien ist eines der führenden Konzerthäuser unseres Planeten. Das Stammhaus der Wiener Philharmoniker und Hauptkonzerthaus der Wiener Sängerknaben ist einer der traditionsreichsten Orte für klassische Musik überhaupt und schon dadurch ein Erlebnis von Weltklasse.

015wi Abb.: dk

Nicht nur in Salzburg bekommt man die weltberühmten Mozartkugeln

Wien für Kauflustige

Wiens Haupteinkaufszone erstreckt sich sternförmig um den Stephansdom. Dabei sind die Fußgängerzonen des Grabens und der Kärntner Straße die namhaftesten Adressen, aber auch die Rotenturmstraße und die davon abgehende Wollzeile sowie der am Ende des Grabens laufende Kohlmarkt bieten Shoppingfreude vom Feinsten. Atemberaubend sind hier allerdings nicht nur die ausgefallenen Geschäfte, sondern leider auch die Preise. Geradezu edel ist die schmucke Einkaufspassage im 1856–1860 im Stil der italienischen Renaissance gebauten Palais Ferstel [F6] mit seinen eleganten Treppenaufgängen und den runden Innenhöfen.

Beliebt ist außerdem die Mariahilfer Straße, auf der sich Flagstores aller großen Modedesigner sowie zahlreiche Kaufhäuser und Boutiquen befinden. Für alternatives Shopping empfiehlt sich die Neubaugasse [E7].

Süßes

Hier finden sich süße Mitbringsel – wenn auch die Verführung, sie noch im Hotel zu vernaschen, eine der Hauptgefahren eines Wienbesuchs darstellt! – wie Pralinen, Konfekt, Torten oder sonstige zuckersüße Mehlspeisen.

- 108 [G6] **Aïda,** Stock im Eisen Platz 2, www.aida.at. Als eine Art nett-schrullige McMehlspeis' kann man die vielen Café- und Konditorei-Filialen des Traditionshauses Aïda wohl am besten beschreiben. Neben dem Hauptgeschäft beim Stephansplatz befindet sich in der Wollzeile 28 eine ruhigere Alternative.
- 109 [G6] **Altmann & Kühne,** Graben 30. Die Patisseriekunst der „Alten Schule" ist hier noch lebendig. Begehrt ist das Minikonfekt, das in kleinen, hübsch dekorierten Pappkistchen ein ideales, unkonventionelles Mitbringsel darstellt.
- › **k. u. k. Hofzuckerbäcker Ch. Demel's Söhne,** Kohlmarkt 14, www.demel.at. Das ultimative Süßspeisen-Mekka Wiens ist in Sachen Auswahl (365 Sorten Mehlspeisen), Qualität und fachmännische Beratung nach wie vor unübertroffen (s. S. 79).
- 110 [G6] **Kurkonditorei Oberlaa,** Neuer Markt 16, www.oberlaa-wien.at. Die beste Adresse für *panettone* (ital. Kuchenspezialität mit kandierten Früchten) und Sandkuchen, aber auch die edlen Macarons- und Pralinékreationen sind die Verführung wert.
- 111 [G6] **L. Heiner OG,** Wollzeile 9. Der ehemalige k. u. k. Hoflieferant mit der immer liebevoll dekorierten Auslage hat neben vorzüglichen Mehlspeisen auch das größte Angebot an Diabetikerpatisserie in der Inneren Stadt.
- 112 [G6] **Manner,** Stephansplatz 7. Der Flagship-Store des beliebten Neapolitanerschnittenherstellers führt neben den diversen Leckerlis verschiedenste Mer-

chandising-Produkte im firmentypischen zarten Rosa.

113 [F6] **Xocolat,** Freyung 2 (im Palais Ferstel), www.xocolat.at. Haben Sie jemals davon geträumt, eine Schatztruhe voll herrlicher Schokolade zu finden? Ihr Traum wird bei Xocolat Wirklichkeit! Definitiv die umwerfendste Auswahl an Schokokreationen aus aller Welt.

Mode und Accessoires

Kultige Designerboutiquen, die junge Moden anbieten, haben sich an der Mariahilfer Straße und im Umkreis der Rotenturmstraße sowie der Judengasse ❹ angesiedelt. Hochwertige klassische Damen- und Herrenmode findet man in der Inneren Stadt.

114 [F8] **Elfenkleid,** Margaretenstraße 39/3–4. Hinreißend ausgefallene, aber durchaus tragbare Mode für sie von zwei jungen österreichischen Designerinnen.

115 [G6] **EMIS Modegalerie,** Wildpretmarkt 7. Wirklich nicht überall zu findende Kreationen, z. B. von Comme des Garçons, Yohji Yamamoto, Junya Watanabe oder Hussein Chalayan. Wer das „Outfit der speziellen Art" sucht, ist hier gut beraten.

117 [G6] **k. u. k. Hoflieferant Knize,** Graben 13. Nach dem Motto „die unausweichliche Frage nach dem eigenen Stil beginnt mit der Überwindung der Mode" kreiert man hier seit 1858 klassische Mode für den Herren von Welt.

118 [G6] **Liska,** Graben 12. Das alteingesessene Modehaus Liska ist neben konventionellem Fashiondesign auch für Handtaschen und diverse Accessoires eine beliebte Adresse der Wiener Damenwelt.

119 [G6] **Loden Plankl,** Michaelerplatz 6. Ob Lodenmäntel, Dirndl oder Trachtenkleidung, nirgends in Wien ist das Angebot größer.

Shoppingareale

Die wichtigsten Shoppingbereiche der Stadt sind im Kartenmaterial mit einer rötlichen Fläche markiert.

120 [E7] **Park,** Mondscheingasse 20. Kultig cooles Designergeschäft – statt Haute Couture ausgefallene Kreationen – mit Damen- und Herrenmode, aber auch allerlei durchgedrehtem Zeug.

121 [F6] **Schuhfabrik Reiter,** Mölker Steig 1. Das Stammhaus des mittlerweile mehrere Filialen (auch in Deutschland und der Schweiz) umfassenden Schuhfabrikanten Reiter. Die besondere Tradition des Hauses ist die Erzeugung rahmengenähter Schuhe im klassischen Wiener Stil.

Bücher und Musik

122 [G6] **Emi Music,** Kärntner Straße 30. In Sachen klassischer Musik, Wienerlied oder österreichischem Kabarett gut sortiertes und übersichtliches Geschäft. Im ersten Stock befindet sich ein Veranstaltungsbüro, in dem es Konzertkarten gibt.

123 [G6] **Frick,** Graben 27. Dieses zentral gelegene Buchgeschäft verfügt über eine zumindest ausreichend großen Abteilung zur (Wiener) Kunstszene. Auch sonst viel Literatur österreichischer Autoren und erstaunlich umfassendes Sortiment zum Thema Essen und Trinken.

124 [G6] **Gramola,** Graben 16. Das beste Musikgeschäft der Stadt – zumindest wenn man Klassik mag und sucht. Eine Filiale gibt es außerdem in der Seilerstätte 30 im Haus der Musik ❾.

125 [G6] **Morawa,** Wollzeile 11. Die schlichtweg beste Buchhandlung Wiens hat neben internationaler Presse eine reiche Regionalia-Abteilung mit denkbar viel zu Wien und Umgebung, aber auch sonst so ziemlich allem, was das Leserherz auf einer Reise begehren könnte.

Antiquitäten und Kunst

Wien ist übersät mit Antiquitäten- und Altwarenhändlern und man muss schon etwas Zeit aufwenden, um alle sehenswerten zu besuchen. Das bekannteste Antiquitätenquartier befindet sich südlich des Grabens und umfasst die Plankengasse, die Spiegelgasse und die Dorotheergasse.

- 126 [G6] **Dorotheum,** Dorotheergasse 17. Ob zum Mitbieten oder einfach nur, um die Stimmung eines derart großen Auktionshauses zu erleben, ein Besuch im Dorotheum ist immer spannend, zumal die diversen zu versteigernden Dinge in mehreren Prunksälen in Augenschein genommen werden können.
- 127 [G6] **Elfriede Schiller,** Plankengasse 7. Ob Tassen aus den 1950er-Jahren, skurrile Messer oder der original Wiener Zeitungshalter, in diesem Geschäft bekommt man noch all das, was anderswo als längst vergriffen gilt.
- 128 [G6] **Österreichische Werkstätten,** Kärntner Straße 6. Designerschmuck, Glasdesign, Taschen, Tücher und Accessoires von österreichischen Künstlern.

(Außergewöhnliche) Souvenirs und Geschenke

Altbackene 08/15-Souvenirs wie Schlüsselanhänger, Schneekugeln mit Guglhupf, Postkarten, Miniaturfiaker oder sonstigen Krimskrams bekommt man an den einschlägigen Souvenirläden in unmittelbarer Nähe zum Stephansdom zur Genüge. Ausgefallene Mitbringsel dagegen gibt es bei den folgenden Adressen:

- 129 [G6] **Alt Österreich,** Himmelpfortgasse 7. Ein Paradies für Sammler alter Gegenstände ist dieses Geschäft, in dem es neben historischen Postkarten, Fotos und Autogrammkarten auch Devotionalien aus der Kaiserzeit gibt.
- 130 [F7] **das möbel,** Gumpendorferstraße 11. Nein, nicht nur Möbelstücke gibt es hier, sondern eine Vielzahl liebreizender Kleinig- und Großigkeiten, von denen man erst, wenn man sie besitzt, weiß, wie sehr sie einem gefehlt haben.
- 131 [G7] **gabarage,** Schleifmühlgasse 6, www.gabarage.at. Das definitiv kreativste Souvenirgeschäft der Stadt, mit Mitbringseln, die von vorrangig österreichischen DesignerInnen exklusiv aus Müll gestaltet werden. Dies mag unappetitlich klingen, ist aber wahrlich sehenswert!
- 132 [G5] **Lederleitner,** Schottenring 16. Im Souterrain der Börse befindet sich dieses bemerkenswerte Geschäft, auf dessen mehr als 1000 m² eine ständig wachsende Auswahl an Gartenmöbeln, Büchern, Schnittblumen und Topfpflanzen, aber auch kleineren, geschenkähnlichen Accessoires verkauft wird. Hervorragende Beratung!
- 133 [G6] **Ostermann,** Am Hof 5. Noch so ein Geschäft vergangener Zeiten. Bei Ostermann bekommt man alles an Raucherutensilien von Pfeifen über Humidors bis hin zu ausgefallenen Feuerzeugen. Nur Tabak, Zigaretten und Zigarren gibt es paradoxerweise nicht, dafür fehlt nämlich die Lizenz.
- 134 [G6] **Porzellanmanufaktur Augarten,** Stock im Eisen Platz 3. Im hiesigen Verkaufsshop werden die handgemachten und handbemalten Stücke der Edelporzellanmanufaktur Augarten vertrieben.
- 135 [F7] **Saint Charles Apotheke,** Gumpendorfer Straße 30. Die – auch für Gesunde – sehenswerteste Apotheke der Stadt! Diese sensationelle alte, aber wieder neu gestaltete Apotheke verfügt

u. a. über eine eigene Hautpflegeserie und wurde bereits in international renommierten Zeitschriften wie Monocle oder Wallpaper vorgestellt.

136 [G6] **The Vienna Store,** Herrengasse 6. Nicht unbedingt edle, dafür fantastisch witzige Geschenkideen rund um das Thema Wien bietet man in diesem Ramschladen.

137 [G6] **Vienna World,** Führichgasse 6. Allerlei ausgefallene Souvenirs, die sich speziell für Musikfreunde eignen, denn die meisten haben das Thema Klassik.

Lebensmittel

138 [H6] **Böhle,** Wollzeile 30. Das Schlemmerschlaraffenland schlechthin. Ob Weine, Biersorten oder exquisite Lebensmittel, hier geht einem der Magen auf ...

139 [G6] **Haas & Haas,** Stephansplatz 4. Wunderschön gestaltetes Spezialitäten- und Teegeschäft mit einer geradezu unerschöpflichen Auswahl an erlesenen Marmeladen, Honigsorten, Fruchtpâtés und seltenen englischen Teesorten.

Wenn es um Essig geht, dann ist man bei Erwin Gegenbauer am Naschmarkt 28 goldrichtig

140 [G6] **Meinl am Graben,** Graben 19. Bereits 1862 als Kolonialwarengeschäft gegründet und heute ein exklusiver Delikatesssupermarkt bietet der Meinl am Graben wahrlich Unwiderstehliches in Sachen Feinkost. Neben einer schier unendlich großen Wein- und Spirituosenabteilung finden sich hier österreichische und internationale Erzeugnisse von feinster Schokolade über Marmeladen und Konfitüren bis hin zur wahrscheinlich umfangreichsten Käseabteilung (über 500 Sorten!) Österreichs.

Wein und Spirituosen

141 [E6] **Mechitharine,** Neustiftgasse 17. Hier und nur hier im Shop des Mechitaristenklosters bekommt man ihn, den von Mönchen seit 1689 nach Originalrezept hergestellten Kloster-Likör. Angeboten wird er in sechs Stufen von süß bis edelbitter.

142 [G5] **Unger & Klein,** Gölsdorfgasse 2. Kurz und knapp: die schlichtweg sehenswerteste Vinothek der Stadt mit allen Topweinen Österreichs.

143 [E5] **Weinpunkt,** Frankhplatz 4. Man spezialisiert sich hier auf eine überschaubare, aber professionelle Auswahl an Weinen aus dem Südosten Österreichs.

016wi Abb.: dk

144 [G6] **Wein & Co,** Jasomirgottstraße 3–5. Das Hauptgeschäft der beliebten Weinsupermarktkette – gegenüber der Secession 11 gibt es eine weitere Filiale – bietet ein umfassendes Angebot an österreichischen und internationalen Weinen, die man auch an der Bar konsumieren kann. Da Wein & Co tägl. 10–24 Uhr geöffnet hat, ist dies auch die optimale Adresse für ein „Verlegenheitsmitbringsel" kurz vor der Heimfahrt.

Kaffee und Tee

145 [D7] **Grand Cru,** Kaiserstraße 67. Kaffee und Edelschokolade stehen hier ganz oben auf dem Programm, aber auch japanischer Grüntee, Käse aus dem Piemont und andere Delikatessen sucht man nicht vergeblich.

146 [F7] **Kaffeerösterei Alt Wien,** Schleifmühlgasse 23. Himmlisch duftet es in diesem ultimativen Göttertempel des Kaffees, denn er wird hier mitten im Geschäft geröstet.

147 [G6] **Schönbichler,** Wollzeile 4. Ein bisschen des 19.-Jahrhundert-Flairs ist immer noch präsent in diesem Teekontor, wo man über 200 Sorten der besten Tees in Augen- und Nasenschein nehmen kann. Es gibt auch ein großes Angebot an schottischen Whiskys.

018wi Abb.: dk

Märkte

148 [D6] **Brunnenmarkt,** Brunnengasse, Mo–Fr 6–18 und Sa 6–14 Uhr. Wiens orientalischster Markt liegt in Ottakring und bietet neben vielen Dutzend Obst- und Gemüseständen auch allerlei mehr oder weniger brauchbaren Krimskrams, diverse Imbisse und am Samstag den angeschlossenen Bauernmarkt im Bereich des Yppenplatzes (s. S. 22).

149 [F7] **Flohmarkt,** am großen Parkplatz südlich des Naschmarktes. Jeden Samstag findet zwischen 5 Uhr morgens und den frühen Nachmittagsstunden der einzige für Schnäppchenjäger lohnenswerte Flohmarkt Wiens statt. Große Spannbreite diverser Verkäufer von billigen Textilien bis zu teuren Antiquitäten.

150 [H5] **Karmelitermarkt,** Karmelitermarkt, Mo–Fr 6–19.30, Sa 6–17 Uhr. Mit max. 80 Ständen ist dieser Markt einer der kleinsten der Stadt, doch aufgrund seines ausgefallenen Angebots an Waren – z. B. koschere Weine – erfreut er sich bei vielen Wienern großer Beliebtheit. Auch gastronomisch ist der Karmelitermarkt einen Besuch wert.

28 [F7] **Naschmarkt.** Der schönste und traditionsreichste Markt Wiens mit etwa 170 Händlern und einer regen Lokalszene. Sehens- und einkaufenswerte Stände sind z. B. für Fisch Hella Gruber (Stand 31–36) und Erkan & Gökhan Umar (Stand 38–39), für Obst und Gemüse Edith Jarosch (Stand 28–30), Martina Himmelsbach (Stand 40–45) und das Obsteck (Stand 147–166), für Schinken und Wurst Gerhard Urbanek (Stand 46), für Essig und Öl Erwin

Der Naschmarkt ist Wiens schönster und lebendigster Markt 28

Gegenbauer (Stand 111–114), für Käse die Käsehütte (Stand 509), für so ziemlich alle legalen Gewürze der Welt Akad (Stand 322) und für orientalische Süßspeisen Araxi (Stand 441–443).

151 [I7] **Rochusmarkt,** Landstraßer Hauptstraße. Kleiner, aber durchaus nicht zu verachtender Markt im 3. Bezirk, der vielleicht gerade dadurch besticht, dass er so normal unexaltiert ist.

Kaufhäuser und Shoppingcenter

152 **Gasometer,** Guglgasse. Architektonisch die interessanteste Shoppingmall ist das Gasometer, das sich in einem von vier ehemaligen riesigen gemauerten Gasspeichern befindet. Auf drei Etagen sind hier allerlei Shops angesiedelt. Man erreicht die Mall problemlos mit der U3 (Haltestelle Gasometer).

153 [E7] **Gerngross,** Mariahilfer Straße 42–48. Der 7-stöckige Gerngross ist eines der großen Kaufhäuser Wiens, mit so ziemlich allem, was Kaufhäuser weltweit nun mal zu bieten haben. Gerade im Modebereich gibt es dem Shop-in-Shop-Konzept folgend diverse Designer und die letzten beiden Etagen beherbergen mit Saturn den bestsortierten Elektronikfachhandel in der Stadt.

154 [G7] **Ringstraßen Galerien,** Kärntner Ring 11–13 (Zugang auch über die Mahlerstraße). Das fürstlichste Shoppingcenter Wiens wartet mit etwa 70 Geschäften und Lokalen auf drei Etagen auf. Ob exklusive Mode, Schmuck, Brillen, Spielzeug oder Lebensmittel, hier finden sich die angenehmen Dinge des Lebens.

155 [G6] **Steffl,** Kärntner Straße 19. Mit über 50 Designeroutlets auf neun Stockwerken stellt das renommierte Kaufhaus Steffl modetechnisch das absolute Herzstück der Kärntner Straße dar. Erschöpften Shoppern sei außerdem die Skybar im obersten Stockwerk mit Blick über die Innenstadt empfohlen.

029wi Abb.: dk

Wien zum Träumen und Entspannen

Wien ist eine erstaunlich grüne Stadt mit zahlreichen Parks und Grünanlagen, botanischen und zoologischen Gärten sowie der Alten und Neuen Donau, deren Ufer besonders auf Seiten des 21. und 22. Wiener Gemeindebezirks immer für ein Sonnen- oder Flussbad geeignet sind. Neben den Hauptsehenswürdigkeiten wie Prater 24, Schloss Belvedere 27 und Schlosspark Schönbrunn 34 finden sich noch viele weitere mehr oder weniger bekannte grüne Flecken und Orte zum Entspannen.

Moderne Architektur im Vergnügungsviertel auf der Donauinsel

Die österreichischen Bundesgärten verwalten die meisten öffentlichen Anlagen und die Öffnungszeiten sind wie folgt: In der Regel sind die Anlagen ab 6.30 Uhr geöffnet. Die Parktore schließen im Winter um 17.30, in den Frühlings- und Herbstmonaten zwischen 18.30 und 19.30 und im Sommer um 20 Uhr (im August sogar erst um 21 Uhr).

- **156 Alte Donau,** Moissigasse 21, Bushaltestelle Schüttauplatz (Linie 92A ab U-Bahn-Station Kaisermühlen-VIC), Tel. 01 2699016, tgl. 9–19 Uhr (2. Mai–13. September), Eintritt 5,50 €, ermäßigt 3 €. Entlang der Alten Donau – einem Altarm der Donau, der mit dieser nicht mehr verbunden ist – befinden sich mehrere kostenpflichtige Strandbäder. Ganz besonders schön ist darunter das Strandbad Gänsehäufel, das sich auf einer bewaldeten Sandinsel befindet. Durch seine hellen Sandstrände inmitten der idyllischen Aulandschaft, aber auch aufgrund von zahlreichen Sport- und Freizeiteinrichtungen ist es einer der meistbesuchten Badeorte Wiens.
- **157** [G4] **Augarten,** www.bundesgaerten.at, Straßenbahn (Station Am Tabor – Linie 5 vom Praterstern) oder U-Bahn (Station Taborstraße), kostenfrei. Der 52,2 ha große Augarten bietet neben einem äußerst akkurat angelegten Parterregarten mit aufwendigen Blumenlandschaften auch ein weitläufiges, von schattigen Bäumen durchzogenes Gebiet, in dem viele Wege zu Spaziergängen einladen und Bänke zum Verweilen. Hier befindet sich der Anfang des 18. Jh. errichtete Gartensaal – in dem 1772 die sogenannten Morgenkonzerte von Wolfgang Amadeus Mozart (1756–1791) stattfanden – und der heute Firmensitz der Augarten-Porzellanmanufaktur ist. Architektonisch störend mögen Besucher die zwei Flaktürme empfinden, die im Sommer 1944 errichtet wurden, um die Stadt vor den Luftangriffen der Alliierten zu verteidigen.
- **158** [F7] **Burggarten,** kostenfrei, www.bundesgaerten.at. Diese öffentliche Parkanlage im englischen Stil nahe der Staatsoper und der Kärntner Straße eignet sich vor allem ab Frühling bis Herbst dazu, sich von den Strapazen des Stadtbummels zu erholen. Der in den 1820er-Jahren großzügig angelegte Burggarten bietet durch seine Grünfläche ein Stückchen „grüne Lunge" im südlichen Teil der Inneren Stadt. Botaniker, Sonnenhungrige, Kaffeejunkies und Cocktail-

027wi Abb.: mw

Ein Eldorado für Müßiggänger: der Stadtpark (s. S. 100) im Hochsommer

fans dürfte außerdem das Palmenhaus an der nordöstlichen Flanke des Burggartens interessieren. Dieses Gewächshaus – mit davor liegender Terrasse – misst 128 m Länge und eine Grundfläche von rund 2000 m². Im mittleren Teil befindet sich das Café Palmenhaus, das abends auch Barbetrieb hat. Der linke Flügel beherbergt das Schmetterlingshaus mit einer erstaunlichen Anzahl an exotischen Pflanzen und bunten Schmetterlingen und im rechten Flügel ist das Gewächshaus der österreichischen Bundesgärten untergebracht.

•159 [K3] **Donauinsel,** U-Bahn-Station Donauinsel, kostenfrei. Die Donauinsel ist ein im Zuge der Hochwasserregulierung in den Jahren 1972–88 künstlich geschaffener Landstreifen zwischen Donau und der Neuen Donau, der erstaunliche 21,1 km in der Länge, aber nur 200 m in der Breite misst. Sie ist in erster Linie ein Naturreservat, in dem sich seltene Vogel- und Fischarten, aber zum Teil auch Säugetiere wie Biber, Hasen und selbst Rehe angesiedelt haben, bildet dabei aber auch für die Menschen ein beliebtes Naherholungsgebiet. Die entlang der beiden Ufer führenden asphaltierten Wege laden zu „endlosen" Spaziergängen, aber auch zum Fahrradfahren oder Inlineskaten ein – Anmietmöglichkeiten für Equipment bestehen reichlich. Der Großteil der Insel ist verkehrsberuhigt. Ganz besonders populär ist die Insel, weil man hier „wild" und unentgeltlich in der Donau baden kann. Im nördlichen und süd-

EXTRATIPPS

Wien mal von unten

1949 kam der Spielfilm „Der Dritte Mann" mit Orson Welles in die Kinos. Der Film, der bis heute durch seine Zither-Musik – das Harry-Lime-Thema – berühmt ist, spielt im Wien der Nachkriegszeit. Besonders eindrucksvoll sind die expressionistischen Kameraperspektiven der Verfolgungsjagd durch die Wiener Kanalisation. Diese kann auf einer geführten Tour besichtigt werden. Das mag unhygienisch klingen, ist es aber nicht, da die Kanalisation mittlerweile mehr ein modernes Abwassersystem, mitsamt ausgefeilter technologischer Innovationen, als eine düstere Unterwelt darstellt. Dennoch hat die Tour etwas Mystisch-Abenteuerhaftes, weshalb sie für Kinder unter 12 Jahren nicht empfohlen wird.

› Karlsplatz (Esperantopark vis-à-vis Friedrichstraße 6), U-Bahn-Station Karlsplatz, www.drittemanntour.at, Tel. 01 400030-33, 1. Mai bis 31. Oktober, Do.–So. 10–19 Uhr (Touren zu jeder vollen Stunde), Eintritt: 10 €, ermäßigt 8 €

Wien für Einzelgänger und Morgenmuffel

Die diversen Parks, Garten- und Grünanlagen Wiens bieten selbst bei strahlendem Sonnenschein und angenehm warmen Temperaturen immer ein Fleckchen, wo man ungestört ein Nickerchen machen oder ungeniert ein Sonnenbad nehmen kann.

Extrem relaxend, wenn auch nicht im Grünen, sind außerdem die „Enzis" genannten „Hofmöbel", riesige Hartplastikliegesofas im Innenhof des MuseumsQuartiers 31, auf denen man einfach nur liegen und entspannen kann.

Und was tun bei schlechtem Wetter? Erraten, die guten alten **Kaffeehäuser** (s. S. 76) erlauben auch dem misanthropischsten Morgenmuffel in Ruhe seinen Kaffee samt Zeitung zu genießen. Denn wie schon der Schriftsteller Alfred Polgar (1873–1955) sagte: „Ins Kaffeehaus geht man, wenn man alleine sein will, aber dazu Leute braucht."

lichen Bereich der Insel liegen ruhige FKK-Strände, während die viel besuchten Abschnitte in der Nähe der Reichsbrücke zu finden sind, dort wo auch die U-Bahn-Station Donauinsel ist.

•160 **Kahlenberg,** kostenfrei. Der Kahlenberg ist das beliebteste Ausflugsziel im hügeligen, dicht bewaldeten Nordwesten Wiens. Man erreicht das Gipfelplateau öffentlich mit der Bus-Linie 38A (von Grinzing oder U-Bahn-Station Heiligenstadt) über die kurvenreiche Höhenstraße. Der Parkplatz und die Bushaltestelle befinden sich knapp unterhalb des Gipfels, von wo aus es nur noch wenige Schritte bis zur Aussichtsterrasse an der nach Wien abfallenden Geländestufe sind. Hier liegen zwei Lokale, die sich die Terrasse teilen, von der aus man weit über das gesamte Donaubecken blickt. Nicht übersehen sollte man die kleine Barockkirche Sankt Josef, die in Gedenken an den polnischen König Jan III. Sobieski (1629–1696) errichtet wurde, der 1683 Wien von der türkischen Belagerung befreite.

028wi Abb.: mw

Das Sisi-Denkmal im Volksgarten hinter dem Burgtheater

•161 [H6] **Stadtpark,** rund um die Uhr zugänglich, kostenfrei. Der am Wienfluss gelegene Stadtpark erstreckt sich einen Steinwurf von der Einkaufsmeile der City entfernt und ist mit 65.000 m² sogar für schnöde Shopper der ideale Ort, um ein bisschen durchzuatmen und Kraft zu sammeln. Auf den unzähligen Parkbänken inmitten des idyllischen Grüns scheint hier der Großstadtstress weitab und das trotz des Verkehrs der nahe gelegenen Ringstraße. Immerhin dämpft der alte, Schatten spendende Baumbestand den Lärm ein wenig ab. Die Hauptsehenswürdigkeit des Parks ist das vergoldete Bronzestandbild des „Walzerkaisers" Johann Strauß (Sohn, 1825–1899), das vom Wiener Bildhauer Edmund Hellmer stammt und am 26. Juni 1921 enthüllt wurde. Mittlerweile ist es wohl das am häufigsten fotografierte Monument der Stadt.

•162 [F6] **Volksgarten,** kostenfrei, www.bundesgaerten.at. Der Lieblingspark für verliebte Pärchen ist neben Stadtpark und Burggarten die dritte große öffentliche Parkanlage mitten an der Ringstraße und damit im Herzen der Stadt. Hier finden sich üppig bepflanzte Blumenbeete, alte Bäume und saftige Wiesen. Besonders sehenswert ist der Volksgarten auch aufgrund des Theseustempels. Diese verkleinerte Nachbildung des Athener Theseions wurde von 1819 bis 1823 erbaut und diente zuerst zur Aufbewahrung der Theseusskulptur, die heute im Kunsthistorischen Museum 17 zu bewundern ist. Im nordöstlichen Winkel des Gartens versammeln sich Sisi-Fans an deren Denkmal für das obligatorische Erinnerungsfoto.

Zur richtigen Zeit am richtigen Ort

Es gibt glücklicherweise keine „beste“ Zeit, um Wien zu besuchen, denn an der Donau hat jede Jahreszeit ihre besonderen Reize. Natürlich sind der Frühling und der Sommer für die meisten Gäste aufgrund der vielen Betätigungsfelder im Freien Favorit, aber auch der Herbst strahlt eine schöne Atmosphäre aus. Wenn die Nebelschwaden das Donaubecken verhängen, ist das die perfekte Jahreszeit für ausgiebige Museums- und Theaterbesuche, Konzerte und für kulinarisch hochwertige Genüsse in den Lokalen der Stadt. Sogar der oft kalte Winter hat seine positiven Seiten, denn dann wird in Wien am heftigsten gefeiert, ob zur Vorweihnachtszeit oder zur wilden Ballsaison.

Januar, Februar, März

- Am 1. Januar findet im Musikverein (s. S. 91) das **Neujahrskonzert** der Wiener Philharmoniker statt, das auch an mehreren Orten der Stadt auf Bildschirmen sowie im Fernsehen übertragen wird.
- Anfang Januar, im Zeichen des Neujahrskonzerts, beginnt auch der Hochbetrieb der Wiener **Ballsaison** (www.ballkalender.cc/ballkalender-wien.php). Diese beginnt zwar – wie andernorts der Karneval, Fasching oder die Fastnacht –

Das 1896/97 erbaute Riesenrad – absolutes Wahrzeichen des Praters – fährt das ganze Jahr über

Feiertage

- 1.1. Neujahr
- 6.1. Heilige Drei Könige
- Ostermontag (Karfreitag verkaufsoffen)
- 1.5. Tag der Arbeit
- Christi Himmelfahrt
- Pfingstmontag
- Fronleichnam
- 15.8. Mariä Himmelfahrt
- 26.10. Österreichischer Nationalfeiertag
- 1.11. Allerheiligen
- 8.12. Mariä Empfängnis
- 25. und 26.12. Weihnachten

offiziell am 11.11., hat aber ihre Hauptbälle erst im Januar. Den Abschluss der Ballsaison bilden der **Rudolfina Redoutenball** am Faschingsmontag und das **Elmayer-Kränzchen** am Faschingsdienstag (beide in der Hofburg) sowie als gesellschaftlicher Höhepunkt der **Opernball**, der (fast) alle Jahre am letzten Donnerstag (Weiberfastnacht) im Fasching in der Wiener Staatsoper 12 gefeiert wird.

- Ab Mitte Januar bis Anfang März wird der Rathausplatz 20 in einen Eislaufplatz umfunktioniert, der unter dem Namen **Wiener Eistraum** (www.wienereistraum.com) firmiert.
- In der letzten Januarwoche findet das **Resonanzen** genannte Festival „Alter Musik" im Wiener Konzerthaus (s. S. 91) statt. Zwischen Ende Februar und Ende März gibt es weitere Musikfestivals, darunter das **Akkordeonfestival** (www.akkordeonfestival.at) und die diversen, im Konzerthaus angesiedelten Konzerte im Rahmen des bis Mai andauernden **Frühlingsfestivals** (www.konzerthaus.at).
- Ende Februar bis Ende März ist das internationale Kindertanzfestival **Dschungel Wien** (www.dschungelwien.at) im MuseumsQuartier 31.
- Ende März bis September startet freitags um 22 Uhr am Heldenplatz das **Friday Night Skating Event**. Von hier aus rollt man im Pulk der anderen Skater durch die kurzzeitig örtlich verkehrsberuhigte Innenstadt.

April, Mai, Juni

- Zu Ostern steht der **Osterklang** mit Kammer- und Orchesterkonzerten (www.osterklang.at) in der Karwoche auf dem Programm. Ebenfalls finden diverse **Ostermärkte** statt, unter denen der auf der Freyung 22 und der im Ehrenhof des Schlosses Schönbrunn 33 die bekanntesten sind. Der Karfreitag ist in Österreich übrigens weitestgehend verkaufsoffen.
- Im April werden beim **Stadtfest Wien** (www.stadtfest-wien.at) an mehreren Orten der Innenstadt parallel diverse Shows, Konzerte und Liveacts aufgeführt.
- Etwa Mitte April läuft Wien im **Vienna City Marathon** mit „sich selbst" um die Wette (www.vienna-marathon.com).
- Am 1. Mai wird neben dem **Tag der Arbeit** auch die **Pratersaison** offiziell eröffnet. Im Prater 24 ist dann, neben dem je nach Wetterlage bereits seit April herrschenden Trubel, auch in der Parkanlage reichlich Unterhaltungsprogramm.
- Mitte Mai findet im Stadtpark das **Genussfestival** (www.genuss-festival.at) mit Leckereien aus ganz Österreich statt.
- Im Mai und Juni steht die Stadt im Zeichen der **Wiener Festwochen** (www.festwochen.at), bei denen jährlich etwa 30 Opern-, Konzert-, Theater- und Tanzproduktionen von Ensembles aus dem In- und Ausland an verschiedenen

Am 1. Mai verwandelt sich die Ringstraße in eine riesige Festzugsmeile

Locations zum Besten gegeben werden. Karten sollten frühzeitig gekauft werden!

- In den Mai fällt gewöhnlich der schrille **Life Ball** (www.lifeball.org), eine bunt-skurrile Charity-Party auf dem Rathausplatz 20 zugunsten der AIDS-Hilfe. Der Ball kann nur mit Eintrittskarte (und die sind heiß begehrt) besucht werden.
- Ende Mai/Anfang Juni erleben Kunstfreaks das Kunst- und Stadtteilprojekt namens **SOHO in Ottakring,** das sich über das Brunnenviertel von Ottakring, dem 16. Bezirk, ausdehnt. Dann werden hier Geschäfte, Gasthäuser und Cafés zu Kunstobjekten ummodelliert!
- Mitte/Ende Juni tobt über drei Tage auf der **Donauinsel** (s. S. 99) die größte (kostenlose) **Open-Air-Party** Europas mit Freiluftkonzerten, Shows und auch sonst reichlich Unterhaltung (www.donauinsel fest.at).
- Ende Juni/Anfang Juli findet das **Jazzfest** (www.viennajazz.org) statt, bei dem weltberühmte Jazzer an diversen Konzertorten der Stadt aufspielen.

Juli, August, September

- Anfang/Mitte Juli feiert die schwul-lesbische Community Wiens mit der **Regenbogenparade** (www.regenbogenparade.at) über die Ringstraße ihre größte alljährliche Party.
- Ab Juli bis Mitte August bietet Europas größtes Tanzfestival **ImPulsTanz** (www.impulstanz.com) über die ganze Stadt verteilte Vorführungen in avantgardistisch-modernen Tanzrichtungen internationaler Ensembles und Choreografen.
- Über den ganzen Juli und August gibt es viele klassische Konzerte, Opern- und Operettenaufführungen, aber auch andere klanglich interessante Events im Theater an der Wien und in teilweise verhältnismäßig unkonventionellen Orten wie der Spanischen Hofreitschule 15 oder im Schloss Schönbrunn 33, die unter dem **Klangbogen Festival** (www.klangbogen.at) zusammengefasst werden. Außerdem ist in dieser Zeit das **Festival am Rathausplatz** 20 (www.wien-

082wi Abb.: dk

event.at) samt internationalen Essensständen und mit Open-Air-Film- und Konzertausschnitten zum Thema Klassik, die direkt vor dem Rathaus auf einer riesigen Leinwand kostenfrei gezeigt werden. Szenische Filme dagegen werden ebenfalls über die Sommermonate am Karlsplatz 10 beim **Kino unter Sternen** (www.afterimage.at) gezeigt.

- Ende August werden Abschnitte des Gürtels (ringförmig um den Stadtkern liegende Hauptverkehrsader) in ein grooviges Independent-Musik-Happening verwandelt, wenn beim **Gürtel Nightwalk** (www.guertelnightwalk.at) Bands und DJs in den hiesigen Lokalen aufspielen.
- Mitte September steht für Literatur, wenn in einem Zelt neben dem Burgtheater 21 bei **Rund um die Burg** österreichische Autoren nonstop rund um die Uhr kostenlos zugängige Lesungen abhalten.

Oktober, November, Dezember

- Der Oktober ist in Wien der Cineastenmonat, denn hier findet das alljährliche, zwei Wochen dauernde internationale **Filmfestival Viennale** (www.viennale.at) statt, bei dem etwa 300 „Streifen" gezeigt werden.
- Ab Ende Oktober und im ganzen November gibt es dann das große Festival zeitgenössischer Musik namens **Wien Modern** (www.wienmodern.at) mit österreichischen und internationalen Solisten und Ensembles.
- Mitte November findet das etwa zweiwöchige **KlezMore Festival** (www.klezmore-vienna.at) mit Klezmer-Gruppen aus der ganzen Welt statt.
- Zwischen Mitte November und Mitte Dezember ist auch das **Voice Mania** (www.voicemania.at), ein äußerst vielfältiges A-capella-Festival mit Beiträgen zu Pop, Rock, Jazz, Swing, Gospel und selbst Beatbox erlebenswert.
- In der Adventszeit gibt es in Wien etliche **Christkindlmärkte,** darunter der am Rathausplatz 20 (www.christkindlmarkt.at), der im Schloss Belvedere (www.weihnachtsdorf.at), der am Spittelberg 30 (www.spittelberg.at), der vor dem Schloss Schönbrunn 33 und der im alten Allgemeinen Krankenhaus im 9. Bezirk.
- Silvester feiert man in Wien entweder traditionell auf dem **Silvesterball** (www.hofburgsilvesterball.com) in der Hofburg oder in der Inneren Stadt auf dem **Silvesterpfad** (www.wien-event.at), wenn dort reichlich Stände und unterschiedliche Shows die perfekte Kulisse für das eindrucksvolle Feuerwerk – das man am besten vom Heldenplatz 16 aus sieht – liefern.

WIEN VERSTEHEN

101wi Abb.: fo © parallel_dream

Wien hat viele Gesichter, ob als Hauptstadt der Musik, in der große Komponisten ihre künstlerische Hochform erreichten oder als Zentrum der ehemaligen Donaumonarchie, von wo aus große Teile Ost- und Südosteuropas beherrscht wurden. Die österreichische Metropole gilt gleichermaßen als geschäftige Messe- und Industriestadt, ist aber auch für ihre ganz spezielle gemütliche, ab und zu geradezu bequeme Bevölkerung bekannt. Lange Zeit galt sie als Weltstadt auf dem Abstellgleis, spätestens seit Öffnung des Eisernen Vorhangs ist sie aber wieder, im wahrsten Sinne des Wortes, im Zentrum Europas und der Welt und pulsiert noch mehr als je zuvor.

Das Antlitz der Metropole

Es war etwa **im Jahre 881 n. Chr.**, dass Wien das erste Mal als „Wenia" in den historischen Chroniken der Salzburger Annalen genannt wurde. Doch Wien ist viel älter und blickt auf 4000 bis 5000 Jahre Siedlungsgeschichte zurück.

Dies dürfte insbesondere an seiner prädestinierten Lage an der Donau liegen, denn die Stadt liegt geschützt im Donaubecken, umgeben vom Wienerwald im Nordwesten, Westen und Südwesten, mit Erhöhungen wie dem Kahlenberg und entlang des Flusses mit dem rechtsufrigen Leopoldsberg und dem linksufrigen Bisamberg. Aus dem Wienerwald fließen einige kleinere Flüsse – allen voran die Wien – in die Stadt und vor allem im Nordwesten und Norden, dort wo die Weinbauregion liegt, sind die Böden besonders nährreich.

All dies bedeutet, dass man nie weit zu fahren hat, um außerhalb der Stadt in den Genuss der Natur zu geraten. Doch auch Wien selbst ist äußerst grün, ist doch nur ein relativ kleiner Anteil der knapp 415 km² großen Fläche des **Stadtgebiets** verbaut; z. B. machen Parks, Gärten und Gartenanlagen alleine etwa 28 % der Gesamtfläche aus, Wald 17 % und landwirtschaftlich genutzte Flächen etwa 16 %. Erfreulich ist zusätzlich, dass die Stadt einer verhältnismäßig geringen Umweltbelastung ausgesetzt ist: So ist Smog, Feinstaub- und Ozonbelastung selten ein Problem, das Leitungswasser ist von hervorragender Trinkqualität und auch die Donau ist aufgrund ihres sauberen Wassers seit einigen Jahren wieder beliebtes Areal für sommerlichen Badespaß.

Doch auch orientierungsmäßig ist Wien verhältnismäßig angenehm. Durch die einigermaßen logische Stadtgliederung mit der Inneren Stadt als Zentrum und den im Uhrzeigersinn darum laufenden Randbezirken, die ihrerseits durch zwei kreisförmige Verkehrsadern – die **Ringstraße und den Gürtel** – begrenzt werden, findet man sich relativ einfach zurecht.

Wer Wien besucht, sollte dies nicht zuletzt wegen der grandiosen Architektur tun. Die Stilepochen der Gotik, der Renaissance, des Barock und Rokoko, des Klassizismus, des Biedermeier, des Historismus und der Moderne – hier allen voran der Wiener Jugendstil – haben beachtliche Spuren in der Stadt hinterlassen und es ist eine wahre Freude, Wiens Innenstadt zu begehen und dabei eine bauliche Zeitreise zu unternehmen.

◁ *Vorseite: Mit dem Fiaker durch die Straßen von Wien*

Zwar erblühen das Zentrum und Teile der äußeren Stadt in höchsten Formen, wodurch Wien international ein neues Image bekommt, aber dadurch explodieren die **Immobilienpreise** und man stellt ein immer stärkeres **Auseinanderklaffen** zwischen den reichen und armen Vierteln fest. Wien zeichnete sich schon immer dadurch aus, dass die einzelnen **Bezirke** weitestgehend **autark** waren, wenn es um einkaufstechnische Infrastruktur ging. Durch riesige Shoppingkomplexe und eine Verlagerung des „Lebens“ in Richtung Innerer Stadt oder Niedrigmietrandbezirke wirken **viele Gegenden** jenseits der Gürtel genannten, ringförmig um den Stadtkern liegenden Umgehungsstraße mittlerweile aber **geradezu verlassen.** Wer Bezirke wie Meidling, Liesing, Favoriten, Simmering oder die Donaustadt besucht, findet häufig desolate Häuser entlang vollkommen unattraktiver Straßenzüge oder anonyme Neubausiedlungen mit bescheidener Lebensqualität.

Anders sieht es dagegen in der Kulturszene aus: Durch die gute Zusammenarbeit zwischen Stadtverwaltung und Kunstschaffenden wird sich Wien sicherlich auch in den folgenden Jahren weiter baulich wandeln und damit sein Image als **innovative Kulturmetropole** auch im architektonischen Sinne fortsetzen.

An Kaffeehäusern herrscht in Wien wahrlich kein Mangel

EXTRAINFO

Stadtgliederung

Wien wird in 23 Stadtteile – Bezirke oder Gemeindebezirke genannt – gegliedert. Diese tragen neben Namen die Ziffern 1.–23. (häufig auch die römischen I.–XXIII.). Auf Straßenschildern steht zuerst die Bezirkszahl und dann der Straßenname: 1., Kärntner Straße. Während die Namen nur selten benutzt werden, sagt der Wiener sehr wohl: „da gibt es ein neues Kaffeehaus im 5. Bezirk“ oder „ich wohne jetzt im 3.“

Von den Anfängen bis zur Gegenwart

Österreichs und speziell auch Wiens Geschichte war von der Frühzeit an ein Wechselspiel zwischen Einflüssen aus dem Westen und aus dem Osten, also durch die Germanen und später die Deutschen auf der einen und durch die Slawen und die Ungarn auf der anderen Seite.

Vorchristliche und Römische Zeit

3.–2. Jh. v. Chr. Erste Besiedlung des Donaubeckens um Wien während der Jungsteinzeit und Kupferzeit

500 v. Chr.–100 n. Chr. Keltensiedlung Vedunia (= Waldbach)

100 n. Chr. Römische Legionäre legen ein *castrum* (Militärlager) an.

50 n. Chr. Die römische Siedlung namens Vindobona wird gebaut.

395 Die Markomannen, ein germanisches Kriegervolk, vertreiben die Römer.

Die Völkerwanderung und die Babenberger

395–955 Wirren der germanischen Völkerwanderung – Wien wird abwechselnd von Hunnen, Langobarden, Bajuwaren, Slawen, Awaren, Franken und Ungarn besetzt.

955 Otto I. – der spätere Kaiser des Heiligen Römischen Reiches – schlägt in der Schlacht auf dem Lechfeld die Ungarn.

976 Otto II. übergibt das Gebiet um Wien den bayerischen Babenbergern als Markgrafschaft Ostarrichi.

1137 Ostarrichi wird zum Herzogtum erhoben.

1155 Die Residenz der Babenberger wird nach Wien verlegt, Heinrich II. (gen. Jasomirgott), errichtet Am Hof seine Pfalz.

12.–13. Jh. Der Stephansdom und die Hofburg werden erbaut.

Pest und Türkenbelagerungen

1237 Ende der babenbergischen Herrschaft. Wien wird zur Freien Reichsstadt.

1278 Schlacht auf dem Marchfeld zwischen König Ottokar II. von Böhmen und Rudolf I. von Habsburg

1282 Beginn der Habsburgerherrschaft

1365 Gründung der Universität Wien

1438 Wien löst Prag als Hauptstadt des Heiligen Römischen Reiches ab.

ab dem 15. Jh. Verstärkter Zuzug von Baumeistern, Bildhauern und Malern, aber auch anderer Kunstschaffender

1469 Wien wird Bischofssitz.

1529 Erste Türkenbelagerung unter Sultan Süleyman I. dem Prächtigen

1618–1648 Dreißigjähriger Krieg – die Schweden stehen vor Wien.

1679 Pestepidemie mit mindestens 75.000 Wiener Opfern

1683 Zweite Türkenbelagerung, Großwesir Kara Mustafa hält mit etwa 120.000 Soldaten über zwei Monate die Stadt in Angst und Schrecken – am 12. September kommt das Entsatzheer unter dem polnischen König Jan III. Sobieski den Wienern zu Hilfe und schlägt die Türken in die Flucht.

Das Großreich der Habsburger entsteht

ab 1683 Militärische Erfolge der Habsburger unter Prinz Eugen von Savoyen gegen die Türken – Eroberung Ungarns und Siebenbürgens

1717–1790 Barockzeitalter im Zeichen Maria Theresias (1717–1780) und ihres Sohnes Joseph II. (1741–1790), die Zeit des „aufgeklärten Absolutismus“ – denkwürdige Neuerungen wie Abschaffung der Folter und der Leibeigenschaft, Recht auf Bildung

Mitte bis Ende des 18. Jh. Bau des Schlosses Belvedere, des Palais Liechtenstein und Schönbrunns

Anfang des 19. Jh. Zweimalige Besetzung Wiens (1805 und 1809) durch die Truppen Napoleons

1806 Kaiser Franz II. muss unter dem Druck des französischen Feldherrn die Deutsche Kaiserkrone niederlegen – Beginn der „Donaumonarchie".

Der Zerfall der Donaumonarchie

1814 Wiener Kongress mit Neuordnung Europas

1814–1848 Brutaler Polizeistaat unter Staatskanzlers Metternich, Biedermeier-Zeitalter – Schaffensperiode Ludwig van Beethovens und Franz Schuberts

1848 Märzrevolution und dann Wiener Oktoberrevolution. Franz Joseph I. wird zum Kaiser gekrönt.

1866 In der Schlacht bei Königgrätz verliert Österreich die Vormachtstellung innerhalb des Deutschen Bundes an Preußen.

1867 Österreichisch-Ungarischer Ausgleich, in dem der Kaiser Österreichs gleichzeitig König von Ungarn wird

ab 1870 Verstärkte Industrialisierung, Schleifung der Stadtmauer, stattdessen Bau der Ringstraße mit ihren Monumentalbauten

ab 1875 Wien entwickelt sich zur Weltstadt und erreicht durch den starken Zuzug aus den Kronländern (Böhmen, Bukowina, Galizien, Kroatien, Mähren, Siebenbürgen, Ungarn u. a.) mehr als 1 Mio. Einwohner.

1916 Wien zählt 2,2 Mio. Einwohner.

1914 Ermordung des Thronfolgers Franz Ferdinand in Sarajevo, Kriegserklärung Franz Josephs I. an Serbien, Ausbruch des Ersten Weltkriegs

1918 Ende des Kriegs. Zusammenbruch des Habsburgerreiches – Österreich entsteht.

Die Erste Republik, der Anschluss an das Deutsche Reich und der Zweite Weltkrieg

1918 Ausrufung der Ersten Republik

ab 1920 Schwere Wirtschaftskrise, aber „Goldenes Zeitalter" in Kunst und Kultur

1933 Ausschaltung des demokratisch gewählten Parlaments durch Bundeskanzler Engelbert Dollfuß – Ausrufung eines autoritären austrofaschistischen Ständestaates

bis 1938 Regierung Kurt Schuschniggs

1938 Anschluss Österreichs an Hitler-Deutschland – der von dem Großteil der österreichischen Bevölkerung begeistert gefeiert wird

1939–1945 (Zweiter Weltkrieg): brutale Dezimierung der Juden und heftige Bombardements (vor allem 1944 und 1945)

1945 Befreiung der Stadt durch sowjetische Truppen am 18. April 1945

Die Zweite Republik

1945 Ausrufung der Zweiten Republik – Teilung der Stadt in vier Besatzungszonen.

15.5.1955 Unterzeichnung des Staatsvertrages – Österreich wird unabhängig.

1956 Ungarnaufstand als erste Zerreißprobe des neuen Staates – gewaltige Menge an ungarischen Flüchtlingen

Ab 1956 Österreich steht verstärkt im Zeichen der Neutralität – ein Balanceakt am Rande des Eisernen Vorhangs.

1973-1979 Bau der UNO-City in der Amtszeit des Bundeskanzlers Bruno Kreisky

Anfang der 1990er-Jahre Öffnung der Grenzen nach Osten

1995 Österreich tritt der EU bei.

2016 Alexander Van der Bellen gewinnt mit fast 54 % der Stimmen im dritten Anlauf die Präsidentschaftswahl.

2018 Nach fast 24 Jahren übergibt Michael Häupl das Amt des Bürgermeisters und Landeshauptmanns von Wien an Michael Ludwig (beide SPÖ).

Leben in der Stadt

Wien ist der ultimative Joker bei Stadt-Land-Fluss, denn die Stadt ist nicht nur **Hauptstadt Österreichs**, sondern gleichzeitig eines der **neun Bundesländer** und außerdem der Name des **kleinen Flusses**, der aus Niederösterreich kommend den Westen der Stadt kreuzt. Der **Bürgermeister** ist somit gleichzeitig der Landeshauptmann des Bundeslandes.

Wien stellt mit **fast 1,9 Mio. Einwohnern**, das sind mehr als 4000 pro Quadratkilometer, nicht nur die bevölkerungsreichste Stadt des Landes dar – im Großraum Wien lebt mit etwa 2,8 Mio. Menschen ein Viertel aller Österreicher –, sondern auch die zehntgrößte Stadt der Europäischen Union.

Innerhalb der EU gehört Wien zu den **20 wohlhabendsten Regionen.** Zwar **boomen der Tourismus**, das Kulturleben und die Wirtschaft auf der einen Seite, aber bei der **Arbeitslosenquote** liegt Wien mit knapp 14 % im Vergleich zu den anderen Bundesländern auf dem letzten Platz. Und durch Kürzungen im Sozialwesen gehören **Bettler und Obdachlose** erneut zum Stadtbild. Wie so häufig suchen viele Politiker bei den **Ausländern** die Sündenböcke für die sozialen Ungerechtigkeiten, weshalb auch in Wien die **rechtspopuläre Partei FPÖ** von Heinz-Christian Strache hohe Wahlergebnisse erzielt.

Doch Wien war immer schon ein „Melting Pot“ aus Ost und West. Noch heute sind die Spuren der Zuwanderer aus anderen Teilen der ehemaligen Donaumonarchie allgegenwärtig, sei es durch slawisch oder ungarisch klingende Nachnamen vieler Wiener, die „einheimische“ Küche oder durch unzählige Entlehnungen aus dem Tschechischen und Jiddischen sowie diversen anderen Sprachen im örtlichen Dialekt.

Durch all diese Einflüsse entstand das, was man den „typischen“ Wiener nennt – den es natürlich genauso viel oder wenig wie in jeder anderen Stadt gibt –, dem man nachsagt, er sei lebenslustig und phlegmatisch zugleich. Ein immerwährender Grantler – also ein ungemütlicher Zeitgenosse, der immerzu nörgelt und mürrisch dem Alltag begegnet – aber dann doch wieder höchst schmeichelhaft mit „küss die Hand gnä' Frau“ oder geradezu ausgelassen mit „jetzt trink' ma noch a Flascherl Wein“ das Leben im Dreivierteltakt meistert. Wichtig ist ihm, die Dinge des Alltags

031wi Abb.: dk

Alte und neue Fassaden nebeneinander sind in Wien nichts Außergewöhnliches

Kleine Sprachhilfe Wienerisch

So manch bundesdeutscher oder Schweizer Besucher mag seine Schwierigkeiten mit dem Wienerischen haben. Dieser den bayerischen Mundarten verwandte Dialekt ist aufgrund seines äußerst gemischten Vokabulars – im Wienerischen finden sich u. a. tschechische, ungarische, italienische, französische, jiddische und rotwelsche (die Geheimsprache der Fahrenden und der Unterwelt) Lehnwörter – häufig für Nicht-Eingeweihte fast gänzlich unverständlich. Zwar verstehen die Wiener im Gegenzug Hochdeutsch, doch sind einige alltägliche Wörter durchaus anders: „Baba" (Tschüss), die „Bim" (die Straßenbahn), der „Fauteuil" (der Sessel), der „Greißler" (das Tante-Emma-Lädchen), das „Häferl" (die Tasse), der „Jänner" (Januar), der „Kiberer" oder „Kiwara" (Polizist), das „Krügerl" (0,5-Liter-Glas Bier), das „Leiberl" (das T-Shirt), der „Luster" (der Kronleuchter), die „Matura" (das Abitur), der „Plafond" (die Zimmerdecke), das „Sackerl" (die Tüte), der „Sandler" (der Penner), das „Seiterl" (0,33-Liter-Glas Bier), die „Semmel" (das Brötchen, das Weck), der „Sessel" (der Stuhl), der „Spritzer" oder „G'spritzte" (Wein- oder Saftschorle), das „Stiegenhaus" (das Treppenhaus), das „Trottoir" (der Bürgersteig) usw.

Wer sich eingehender mit dem Wienerischen befassen möchte, dem sei der Kauderwelsch-Band 78 „Wienerisch – das andere Deutsch", erschienen beim Reise Know-How Verlag, empfohlen.

mit etwas **Leichtigkeit**, **Humor** und v. a. **Gemütlichkeit** zu meistern. Preußische Pünktlichkeit und übertriebene Pedanterie gehören dabei ebenso wenig zum guten Ton wie verbitterter Ernst und fehlende **Selbstironie.** Und doch legt man hier viel Wert auf Titel, wie z. B. den Magister (Mag.) oder Diplomingenieur (in Österreich DI). Ein Widerspruch in sich? Am besten hat es wohl der Wahlwiener Ödön von Horváth in seinem Zitat getroffen: „Eigentlich bin ich ganz anders – nur komm' ich so selten dazu!"

Vielleicht sind ja genau diese Gegensätze der Spiegel der auch so kontrastreichen Vergangenheit der Stadt, aber genauso seiner Gegenwart. Nach wie vor ist Wien ein Schmelztiegel von Menschen unterschiedlicher Herkunft, Kultur und Religion. So wurden etwa 31 % der Wiener Bevölkerung nicht in Österreich geboren und rund 22 % sind keine österreichischen Staatsbürger. Die größten Gruppen unter den Zuwanderern stellen heutzutage Menschen türkischer Herkunft mit etwa 75.000 und Personen aus den Nachfolgestaaten des ehemaligen Jugoslawien mit ca. 140.000. Auffallend stark angestiegen ist außerdem die Zahl der Deutschen, die bereits knappe 55.000 „Wahlwiener" stellen, darunter viele junge Menschen, die zum Studieren in die Stadt an der Donau kommen.

Wien genießt weltweit den guten Ruf der **hohen Lebensqualität** und verfügt z. B. im Vergleich zu anderen Großstädten über eine **sehr niedrige Kriminalitätsrate.** Das **öffentliche Nahverkehrsnetz** ist geradezu vorbildlich, sodass ein eigenes Auto spe-

Verhaltenstipps für Wien?

Geht es da nicht genau so zu wie in Deutschland oder in der Schweiz? Nun, genau in dieser Frage liegt das große Problem. Zwar ist Österreich sicher ***kein exotisches Land*** *jenseits der mitteleuropäischen Wertegesellschaft, aber gerade deutsche Besucher spüren doch recht häufig, dass man sie nicht gerade mit brennender Sympathie, ja geradezu einer gewissen Distanz empfängt. Und diese Tatsache hängt in erster Linie damit zusammen, dass Österreicher sich oft von ihren nordwestlichen „Cousins" nicht für voll genommen fühlen bzw. sie das Gefühl haben, dass ihre Eigenständigkeit nicht geachtet wird. Denn* ***Österreich ist nun mal anders,*** *vieles läuft hier eben gar nicht so wie in Deutschland oder der Schweiz und darauf ist man nun mal auch gewissermaßen stolz. Ein* ***historischer Blick*** *auf das Land zeigt schnell, dass Österreich eine Geschichte durchlebt hat, die nur sehr selten mit der deutschen oder eidgenössischen zu vergleichen war. Man orientierte sich nach Osten und Südosten und speziell in Wien ist die Mentalität wohl mehr durch Tschechen oder Ungarn geprägt als durch Deutsche oder Schweizer. Österreich war – und ist es gewissermaßen immer noch – ein* ***Vielvölkerstaat*** *und deshalb sollte man auf keinen Fall erwarten, dass hier alles wie zu Hause ist.*

032wi Abb.: mw

ziell im Innenstadtbereich häufig eher als Belastung wahrgenommen wird, nicht zuletzt wegen der recht **eigentümlichen Parkverordnung**, wonach überall innerhalb des Gürtels ein Parkschein notwendig ist und man für eine mehr als zweistündige Parkdauer auf die meist sehr **teuren Parkhäuser** ausweichen muss. Ganz kostenlos ist man mit dem Fahrrad unterwegs, eine Alternative, die durch die **allgegenwärtigen Fahrradwege** immer beliebter wird.

Nach all dem dürfte es kaum erstaunen, dass Wien in den vergangenen Jahren immer wieder von der Mercer Unternehmensberatung zur weltweit lebenswertesten Stadt erklärt wurde!

Fast immer die schnellste Verbindung: die Wiener U-Bahn

Wien als Brücke zwischen Ost- und Westeuropa

Es war der österreichische Kabarettist Karl Farkas (1893–1971), der vor einigen Jahrzehnten, zwar ironisch, aber dennoch sehr aufschlussreich, sagte: „Wir Wiener blicken vertrauensvoll in unsere Vergangenheit." So paradox es klingen mag, aber dieses Zitat ist durchaus zukunftsweisend. Österreich – und somit auch Wien ganz speziell – hat wie kaum ein Land in Europa seit Jahrhunderten einen **Spagat zwischen Ost und West** zum Besten gegeben.

Als Hauptstadt des Habsburgerreiches war Wien das **Zentrum eines Vielvölkerstaates**, in das Menschen aus allen Teilen des Reiches strömten. Immer wieder wollten viele das internationale Image Wiens zerstören, so z. B. nach dem Ersten Weltkrieg, als das große Kaiserreich zu einer winzigen Republik schrumpfte. Man dachte, dass Österreich nicht lebensfähig sei, und verirrte sich in Nationalismus und später Faschismus. Am 15. Mai 1955 hatte Österreich nach vielen aufwendigen Verhandlungen und mit viel Diplomatie die vier Alliierten dazu bewegen können, den Staatsvertrag zu unterzeichnen und das Land sich selbst zu überlassen. Dass dabei für viele Österreicher das nationale Gewissen über Mittäterschaft während der Nazizeit vernebelt wurde, sei dabei zumindest am Rande bemerkt. Die Jahrzehnte nach dem Staatsvertrag lebte Österreich vor sich hin und verwies in schweren Zeiten auf seine **Neutralität**, war dabei aber gleichzeitig Gesprächspartner für die Mächte vor und hinter dem Eisernen Vorhang.

Erst mit der politischen und wirtschaftlichen Öffnung der Nachbarstaaten des ehemaligen Ostblocks konnte Österreich als Land und Wien als Region wieder aus dem Vollen schöpfen. Touristen reisten zum ersten Mal seit vielen Jahrzehnten wieder über **die offenen Grenzen Ostösterreichs** und auch die wirtschaftlichen Vernetzungen waren schnell vollzogen. Dies brachte es mit sich, dass das Straßen- und Schienennetz im ganzen Donaubecken enorm erweitert wurde und auch der Ausbau des Flughafens und der Bahnhöfe in Wien bis heute nicht zuletzt mit den gestiegenen Besucherzahlen aus Osteuropa zu tun haben.

Österreich ist heutzutage für die meisten ehemaligen Ostblockstaaten einer **der wichtigsten Handelspart-**

033wi Abb.: dk

☐ *Die Nationalflagge Österreichs*

ner, investiert im großen Stil in Infrastruktur und den Dienstleistungssektor und die **Zusammenarbeit** floriert auch auf kultureller und politischer Ebene. In diesem Geiste wurde 2003 die **Europaregion Centrope** gegründet, die das Burgenland, Niederösterreich, entsprechende Landschaftsverbände in Tschechien, der Slowakei und Ungarn sowie die **Twin Cities Wien** und das nur 60 km entfernte **Bratislava** zu einer pulsierenden Megazone – auch im kulturellen Sinne (siehe dazu www.centrope.com) – mit rund 6 Mio. Einwohnern zusammenschließt.

2007 wurde außerdem der **Schengenraum** auf Tschechien, die Slowakei und Ungarn ausgedehnt, sodass erstmals seit 1918 die Grenzen wieder ohne Kontrollen überquert werden können. Im Spätsommer 2015 änderte sich dies kurzzeitig, als Österreich zusammen mit Ungarn und auch Slowenien bedingt durch die hohen **Flüchtlingszahlen** kurzerhand wieder Grenzbeamte einsetzte. Rund 600.000 Flüchtlinge passierten 2015 das Land in Richtung Norden und etwa 85.000 stellten hier Asylanträge. Die Zahlen der Sympathisanten unverbesserlicher Rechtspopulisten steigen auch an der Donau rasant und selbst in gemäßigteren politischen Kreisen wird immer wieder eine Verfremdung Wiens heraufbeschworen. Es bleibt zu hoffen, dass die Stadt es schafft, wie fast immer in ihrer Geschichte, die Völker aus Ost und West zusammenwachsen zu lassen. Schwer zu glauben? Wie wäre es dann mit einem vertrauensvollen Blick in die Vergangenheit?

Der Balkan fängt am Rennweg an!

Es war Staatskanzler Fürst von Metternich-Winneburg zu Beilstein (1773–1859), der den legendären Satz ***„der Balkan fängt am Rennweg an"*** *prägte. Was auch immer er damit meinte (der Rennweg [H7–J9] ist eine nach Südosten führende Ausfallstraße im 3. Gemeindebezirk), Wien hatte immer und hat zumindest im übertragenen Sinne einen Fuß im Osten und Südosten Europas. Ein Blick ins Telefonbuch zeugt auch gegenwärtig noch von diesem Erbe, denn eine erstaunlich hohe Zahl der Nachnamen klingt „ungermanisch". Wer ein bisschen* ***ausländisches Flair*** *erleben möchte, dem sei ein Besuch des Mexikoplatzes (U-Bahn-Station Vorgartenstraße [J4]), einem beliebten Treffpunkt und Handelsplatz von Zuwanderern im 2. Bezirk, oder des Brunnenmarkts im traditionellen 16. Immigrantenbezirk Ottakring (U-Bahn-Station Thaliastraße [D6], siehe auch Spaziergang S. 21) zu empfehlen. Erwähnenswert ist das nahegelegene, sagenhaft große türkische Restaurant Kent (s. S. 82).*

034wi Abb.: dk

Der Sitz der OPEC im 2. Bezirk

PRAKTISCHE REISETIPPS

005wi Abb.: mw

An- und Rückreise

Mit dem Auto

Von Frankfurt/Main nach Wien sind es rund 730 km, davon etwa 700 auf der Autobahn. Von München sind es etwa 410 km. Wer aus dem Süden oder Südwesten Deutschlands oder aus der Schweiz anreist, hat die Wahl: Man kann über München auf der A8 bis Salzburg und von dort auf der österreichischen A1 bis Wien fahren oder – etwas schöner, dafür aber nicht durchgängig per Autobahn – über die B12/E552 von München bis Braunau am Inn und dann auf die A8 Richtung Wien. Wer aus einem anderen Teil Deutschlands anreist, sollte auf der A3 bis Passau fahren und dann bei Schärding auf die A1 wechseln. Siehe auch das Kapitel „Autofahren" (S. 118).

Mit dem Zug

Wien verfügt über mehrere Bahnhöfe, wobei für die allermeisten internationalen Bahntouristen nur der **Wiener Hauptbahnhof** (der ehemalige Südbahnhof) von Belang ist. Hier halten alle Fernzüge aus dem und in den Norden, Osten und Süden (dazu gehören auch praktisch alle Züge der Deutschen Bahn und der Schweizerischen Bundesbahnen). Auch die Nachtreisezüge enden hier bzw. fahren hier ab.

Der Hauptbahnhof befindet sich unmittelbar am Gürtel in der Nähe von Schloss Belvedere 27. Man hat von hier mit der U-Bahn-Linie U1 (z. B. zum Stephansplatz 1), diversen Straßenbahnenlinien (D, O und 18) und den Buslinien 13A und 69A **Anbindung an den Nahverkehr.** Außerdem sorgen zwölf S-Bahn- und Regionalzugverbindungen auch für Verbindungen ins Umland und es gibt eine direkte Autobuslinie zum Flughafen Schwechat.

Auch für Shoppingfreunde ist der neue Hauptbahnhof interessant: Im dazugehörigen **Einkaufszentrum** gibt es auf 20.000 m² Verkaufsfläche ca. 90 Geschäfte, Restaurants und Cafés.

› Info und Buchung: www.bahn.de, zu den Angeboten der Österreichischen Bahnen (ÖBB): www.oebb.at

Der im 15. Gemeindebezirk gelegene **Westbahnhof** bildet den Kopfbahnhof der österreichischen Westbahn (https://westbahn.at), die Wien mit Westösterreich (u. a. Linz und Salzburg) verbindet. Vom Westbahnhof erreicht man mit der U3 problemlos das Zentrum und es gibt zahlreiche Straßenbahnlinien sowie ebenfalls eine direkte Autobuslinie zum Flughafen Schwechat.

Mit dem Bus

Von vielen deutschen und Schweizer Städten gibt es **direkte Busverbindungen** nach Wien, z. B. mit Eurolines (www.eurolines.de), die speziell Nachtverbindungen anbieten. Zwar dauert die Fahrt mit dem Bus ähnlich lange wie mit dem Zug, doch bieten die Busgesellschaften **unschlagbar günstige Tarife** an.

Vorseite: Entspannung pur – die „Enzis" genannten Hartplastikliegen im MuseumsQuartier 31

Mit dem Flugzeug

Austrian Airlines (www.aua.com) und **Lufthansa** (www.lufthansa.com) fliegen von zahlreichen deutschen Flughäfen und **Swiss** (www.swiss.com) von Basel, Genf und Zürich nach Wien. Außerdem verbindet **Germanwings** (www.germanwings.com) mehrere deutsche Städte mit Wien, die beiden Erstgenannten auch Zürich.

Der **Flughafen Wien-Schwechat** liegt etwa 18 km südöstlich des Stadtzentrums und ist über die Autobahn A4 mit der Stadt verbunden. Am günstigsten gelangt man mit der halbstündig fahrenden **S-Bahn-Linie S7** für 4,40 € zu den Bahnhöfen Wien Mitte/Landstraße [H6] oder Wien Nord/Praterstern [I5] (jeweils ca. 35 bzw. 45 Min. Fahrzeit). Wer bereits eine Tages- bzw. Monatskarte oder einen EASY CityPass (s. S. 120) besitzt, den kostet ein S-Bahn-Ticket nur 2,20 €.

Zwischen 5 und 0.20 Uhr fährt jede halbe Stunde außerdem ein **Shuttlebus,** der den Flughafen mit dem Bahnhof Wien Meidling , dem Hauptbahnhof und dem Westbahnhof verbindet, sowie eine weitere Buslinie zum Schwedenplatz ❻. Die Fahrt dauert je nach Verkehrslage mindestens 35 Min., Kostenpunkt 8 € pro Person (Hin- und Rückfahrt 13 €, mit Vienna Card 7 € einfach und 12 € hin und zurück).

Die bequemste, schnellste, aber auch teuerste Verbindung ist mit dem **City Airport Train (CAT).** Dieser ebenfalls halbstündlich fahrende Schnellzug verbindet den Flughafen mit der Haltestelle Wien Mitte/Landstraße [H6] in genau 16 Minuten. Das einfache Ticket für den CAT kostet 11 €, Hin- und Rückfahrt 17 €. Der große Vorteil des CAT ist, dass man bei Rückflug für einige Fluggesellschaften das Gepäck **bereits in Wien Mitte** – meist ab 12 bis 24 Stunden vor Abflug – **einchecken** kann. Infos unter www.cityairporttrain.com.

Eine **Taxifahrt** von Schwechat nach Wien oder umgekehrt kostet je nach Entfernung zwischen 30 und 50 €.

› Flughafen Wien-Schwechat, Tel. 01 70070, Flugauskunft Tel. 01 700722233, www.viennaairport.com

EXTRAINFO

Mit dem Vierbeiner in Wien

Wien verfügt über **verhältnismäßig viele Regeln,** an die sich Hundebesitzer halten müssen. In den öffentlichen Verkehrsmitteln, aber auch auf öffentlichen Straßen und Plätzen herrscht strenge **Leinen- und Maulkorbpflicht.** Wer ein **Taxi** nehmen möchte, sollte dies telefonisch bestellen und dabei gleich darauf hinweisen, dass ein Hund mit an „Bord" geht, denn so mancher Taxifahrer weigert sich, Vierbeiner zu transportieren. Der Zugang mit Hund ist überdies in zahlreichen **Parkanlagen** nicht erlaubt, so z. B. im Schlosspark Schönbrunn sowie im angeschlossenen Tiergarten ㉞. Wie in den meisten anderen Großstädten sind auch in Wien Hundebesitzer dazu verpflichtet, die „Hinterlassenschaften" ihrer Tiere zu entsorgen. Wer eine hundefreundliche Unterkunft sucht, sollte sich auf www.hunde-urlaub.net nach einer passenden Bleibe erkundigen.

Autofahren

In Wien benötigt man weder ein eigenes Auto noch einen Mietwagen. Das **öffentliche Verkehrsnetz ist hervorragend ausgebaut** und leicht durchschaubar. Außerdem ist das Stadtzentrum übersichtlich und viele Ziele der Inneren Stadt lassen sich mühelos zu Fuß erreichen. Hinzu kommt, dass sich das **Parken** in der Innenstadt – und das sind alle Gemeindebezirke innerhalb des Gürtels, also 1.–9. sowie der 15. und 20., aber auch Teile des 12., 14., 16. und 17. Bezirks – äußerst schwierig gestaltet bzw. man auf relativ **teure Parkplätze und Parkhäuser** angewiesen ist. Gebührenfreie Zonen gibt es in den angesprochenen Bezirken gar nicht, sondern man muss Parkscheine in der Regel Mo.–Fr. 9–22 Uhr – max. Parkdauer eineinhalb bis zwei Stunden – in einer Trafik (Zeitschriften- und Zigarettengeschäft), einer Bank, einem Bahnhof oder einer Vorverkaufsstelle der Wiener Linien kaufen (1,05 € für eine halbe Stunde, 2,10 € für eine Stunde und 3,15 € für eineinhalb Stunden) und diese ausgefüllt hinter die Windschutzscheibe legen. **Parkhäuser** kosten 3–4 € pro Stunde, sind dafür aber meist 24 Stunden geöffnet, Hotelparkhäuser gibt es ebenfalls vereinzelt.

P163 [G7] **Karlsplatz Garage,** Mattiellistraße 2–4, www.contipark.at/find-parking/wien-tiefgarage-karlsplatzgarage, durchgehend geöffnet, 1. Std. 2 €, 2–5 Std. 4 €, 6–10 Std. 7 €, 11–24 Std. 10 €, Stellplätze: 656

P164 **Park+Ride Garage Hütteldorf,** Deutschordenstraße 3a, www.bestinparking.at/de/garage/wien/deutschordenstrasse-3a, durchgehend geöffnet, Tagesticket 3,40 €, Wochenticket 17,10 €, Stellplätze: 1333

P165 **Parkhaus Park+Ride Erdberg,** Franzosengraben 2, www.apcoa.at/parken-in/wien/p-r-erdberg.html, durchgehend geöffnet, Tagesticket 3,40 €, Wochenticket 17,10 €, Stellplätze: 1800

Verkehrsregeln

- **Autobahnvignette:** In Österreich ist die Nutzung aller Autobahnen und Schnellstraßen kostenpflichtig. Man zahlt die Gebühr mit dem Kauf einer Klebevignette (sie wird umgangssprachlich *Autobahnpickerl* genannt), die bei Automobilklubs und an Tankstellen und Postämtern im Grenzbereich erhältlich ist, mittlerweile auch online (www.asfinag.at). Es gibt Vignetten für 10 Tage, drei Monate oder ein Jahr – Infos hierzu auf www.vignette.at.
- **Geschwindigkeitsbeschränkung:** innerorts 50 km/h, außerorts 100 km/h, Autobahn 130 km/h
- Derzeit besteht keine ganztätige **Abblendlichtpflicht,** sie kann aber jederzeit erneut eingeführt werden. Bei Grenzübertritt sollte man auf entsprechende Hinweisschilder achten. Warnwestenpflicht.
- Die **Blutalkoholgrenze** liegt bei 0,5 ‰.

Barrierefreies Reisen

Wien wird zunehmend **barrierefreier.** So sind mittlerweile immer mehr Straßenbahnen Niederflurbahnen und auch die Busse sind so konzipiert, dass Rollstuhlfahrer problemlos ein- und aussteigen können. Außerdem gibt es im Stadtgebiet zahlreiche öffentliche **Behindertenparkplätze.**

Behindertengerechte Ausstattung beziehungsweise Barrierefreiheit ist jedoch gerade bei vielen Lokalen, bei einigen Hotels und bei manchen Sehenswürdigkeiten, öffentlichen Toiletten und in Theatern sowie Konzerthäusern nicht immer realisiert.

› Informationen finden sich auf der Website **Wien Info** unter www.wien.info/de/reiseinfos/wien-barrierefrei.

› Informativ sind auch die Internetseiten www.oear.or.at und www.ibft.at.

•166 [K5] **Behindertenberatungszentrum Bizeps,** Schönngasse 15–17, Tel. 01 5238921, www.bizeps.or.at. Hier gibt es einen speziellen Lokalführer (namens Bizeps – Essen mit wenigen Hindernissen, www.bizeps.or.at/shop/lokale.doc).

•167 [A7] **Österreichischer Blinden- und Sehbehindertenverband,** Selbsthilfeorganisation blinder und sehbehinderter Menschen, Hägelingasse 3, Tel. 01 982758412 und 0800227700 (gratis), www.oebsv.at

› Gehörlose finden allerlei Informationen zu diversen Themen auf der Website www.gehoerlos.at. Außerdem kann man unter 0800 133133 eine kostenfreie Notrufnummer für Gehörlose erreichen.

Diplomatische Vertretungen

•168 [H7] **Konsularabteilung der Deutschen Botschaft,** Strohgasse 14 c, 1030 Wien, Tel. 01 711540, www.wien.diplo.de, geöffnet Mo, Mi–Fr 9–12, Di 13–16 Uhr

•169 [G7] **Schweizer Botschaft in Wien,** Kärntner Ring 12, 1010 Wien, Tel. 01 79505, www.eda.admin.ch/wien, Mo–Fr 9–12 Uhr, nachmittags nach Vereinbarung

Ein- und Ausreisebestimmungen

Durch die Tatsache, dass Deutschland, Österreich und seit 2008 auch die Schweiz Mitglieder des sogenannten Schengen-Raums sind, entfallen Kontrollen des Personenverkehrs an den gemeinsamen Grenzen. Dies gilt übrigens nur bedingt für die Rückreise aus Österreich in die Schweiz, denn hier sind Zollkontrollen weiterhin möglich bzw. üblich.

Deutsche und Schweizer Staatsbürger müssen bei der Einreise nach Österreich einen gültigen Personalausweis (Identitätskarte) oder einen Reisepass mitführen.

In Österreich haben die innerhalb der EU geltenden Zollbestimmungen Gültigkeit (Infos dazu findet man unter www.bmf.gv.at/zoll). Tabakwaren oder alkoholische Getränke sind nur so weit abgabenfrei, als sie dem Eigenbedarf dienen. Es gibt einen Richtlinienkatalog, der zum Beispiel 800 Zigaretten oder 20 l Wein vorsieht. Die Grenzen für Schweizer Bürger sind strenger (Infos: www.ezv.admin.ch).

Geldfragen

Auch in Österreich zahlt man mit dem **Euro.** Das **Preisniveau** in Wien ist vergleichbar mit jenem süddeutscher Städte oder der Schweiz.

Die **Maestro-(EC-)Karte** (in Österreich werden sie auch als „Bankomatkarte" bezeichnet) kann gegen Gebühr an jedem Automaten mit Geheimnummer zum Abheben von Bargeld eingesetzt werden, gleiches gilt für Bezahlkarten, die mit der **VPAY-Funktion** ausgestattet sind. Die Gebühren für das Abheben mit der **Kreditkarte** sind deutlich höher. Kreditkarten werden in den meisten Restaurants und Geschäften sowie an allen Tankstellen akzeptiert.

In Notfällen hilft Western Union weiter (Tel. 0180 5225822, www.westernunion.com), der von Post oder Reisebank angeboten wird.

Wien preiswert

- *Ein guter Tipp für Wien-Besucher, die mehrere Attraktionen besuchen möchten, ist der Kauf eines* ***EASY CityPass.*** *Er gilt für bis zu drei Tage, erlaubt dabei freie Fahrt auf den „Wiener Linien" und gewährt Vergünstigungen in den meisten Museen und Preisnachlässe in ausgesuchten Restaurants und Geschäften – Kostenpunkt ab 14,90 €. Alternativ gibt es noch die* ***Wien-Karte*** *(ab 17 €), die neben den Leistungen des EASY CityPass auch Vergünstigungen in Konzerthäusern und Theatern gewährt.*
- *Wien hat eine sehr hohe Trinkwasserqualität. Wer* ***Leitungswasser*** *in eine Trinkflasche abfüllt und mitnimmt, kann sich gerade im Sommer häufige Stopps in Cafés sparen. Jetzt hat die Stadtverwaltung in diesem Geiste auf die Innenstadt verteilt Wasserabfüllstationen aufgestellt, an denen man sich kostenlos seine Flasche auffüllen kann.*
- *In Konzerthäusern, Staatsoper, Burgtheater und den meisten anderen Theatern gibt es* ***günstige Eintrittskartenkontingente und Stehplatzkarten,*** *die erst kurz vor den jeweiligen Vorstellungen verkauft werden.*

Informationsquellen

Infostellen zu Hause

- **Österreich Werbung Deutschland GmbH,** Klosterstr. 64, 10179 Berlin, Tel. 030 2191480 (Mo.–Fr. 9–17 Uhr), www.austriatourism.com
- **Österreich Werbung Schweiz,** Zurlindenstr. 60, 8036 Zürich, Tel. 4571040 (Mo.–Fr. 9–13 Uhr), www.austriatourism.com
- **Urlaubsservice der Österreich Werbung,** Tel. (aus Deutschland) 01802101818 (6 Cent/Anruf a. d. Festnetz), Tel. (aus der Schweiz) 00800 400 200 00, www.austria.info (unter „Service" kostenlose Prospektbestellung)

Infostellen in der Stadt

ⓘ170 [G7] **Tourismus Wien,** Albertinaplatz (Ecke Maysedergasse), Tel. (auch für Übernachtungen) 0043 01 24555, www.wien.info, tgl. 9–19 Uhr. Neben Broschüren und vielen Infos über Wien und Umgebung auch Unterkunftsvermittlung, Literatur, Karten, Buchung von Führungen und Stadtrundfahrten sowie Ausflügen, Verkauf von Tickets und der Vienna Card. Zweigstellen befinden sich auch am Flughafen Wien-Schwechat (Öffnungszeiten 7–22 Uhr) und am Hauptbahnhof (9–19 Uhr).

Die Stadt im Internet

- **www.wien.info:** Die Website von Tourismus Wien ist die umfassendste und aktuellste Infoseite mit Hinweisen zu Attraktionen, Veranstaltungen, Hotels, Gastronomie, Shopping sowie reichlich weiterer praktischer Tipps. Hierüber gelangt man auch zur Datenbank mit allen aktuellen Events: **http://events.wien.info**
- **www.wien.gv.at:** Die Seite des Wiener Rathauses wartet mit Zahlen, News,

Veranstaltungen etc. auf, v. a. die Rubrik Tourismus ist für Besucher recht aufschlussreich.

- **www.falter.at:** Die Seite der Stadtzeitung „falter" hat enorm viele Tipps und Veranstaltungshinweise.
- **www.vienna.at:** News und Wissenswertes zu Wien gibt es auf dieser Stadtseite, die auch jede Menge Insiderinfos, Partytipps und das aktuelle Wetter verrät.
- **www.wien-heute.at:** Die aktuelle Wiener Tageszeitung im Internet beinhaltet Infos, die über das normale Touristeninformationsbedürfnis hinausgehen. Neben Terminen von Veranstaltungen erfährt man hier auch, was Wien bewegt, sowie reichlich Klatsch und Tratsch.

Wien-Apps

- **The Vienna Project:** Mit dieser App erlebt man 38 Orte der Erinnerung an die Opfer des Nationalsozialismus und ihre Geschichte (gratis für Android und iOS).
- **Kultur;App:** Informationen zu Konzerten und Aufführungen bzw. Ausstellungen der Bundestheater und -museen sowie von ausgesuchten Wiener Theatern. Auf Deutsch (kostenlos für Android und iOS).
- **Freewave WLan Finder:** (Fast) immer online ist mit dieser App ein Leichtes. Man findet umgehend alle Freewave-WLAN-Hotspots in Wien. Auf Deutsch und Englisch (kostenlos für iOS).
- **qando:** Die App des öffentlichen Nahverkehrs. Auf Deutsch und Englisch (kostenlos für Android und iOS).

Meine Literaturtipps

Zur Einstimmung auf die Reise bieten sich die folgenden Werke an:

- *Thomas Bernhard, **Heldenplatz** (1988): Ein Drama um den Mathematikprofessor Josef Schuster. Auf gekonnt zynische – und für viele Österreicher skandalöse – Weise wird der Anschluss Österreichs durch Nazideutschland 1938 beleuchtet.*
- *Monika Czernin, **Gebrauchsanweisung für Wien** (2008): Eine sehr brauchbare Einführung in die Wiener Lebensart und in allerlei Kurioses der Stadt.*
- *Radek Knapp, **Herrn Kukas Empfehlungen** (1999): Ein überaus heiterer Roman über das Leben eines jungen Polen in Wien kurz nach Öffnung des Eisernen Vorhangs.*
- *Johann Nestroy, **Einen Jux will er sich machen** (1842): Eine Posse um den Kommisar Weinberl, der durch Verwechslungen und Missverständnisse immer tiefer in die Absurdität abrutscht. Eines der berühmtesten österreichischen Theaterstücke.*
- *Helmut Qualtinger und Karl Merz, **Der Herr Karl** (1961): In diesem Drehbuch eines Theaterstücks wird das Bild des Wieners in Monologform auf die Schippe genommen. Schlichtweg grandios!*
- *Joseph Roth, **Kapuzinergruft** (1938): Der aus Slowenien stammende Franz Ferdinand Trotta erzählt aus seinem Leben und zeichnet dabei eine moralische Abrechnung mit der Donaumonarchie. Ein Großteil der Handlung spielt in Wien.*
- *Friedrich Torberg, **Die Tante Jolesch oder Der Untergang des Abendlandes in Anekdoten** (1975): Eine Sammlung – angeblich wahrer – Anekdoten aus dem vorwiegend jüdisch-intellektuellen Milieu des Wiens der Zwischenkriegszeit.*

Publikationen und Medien

Die beiden renommiertesten **Tageszeitungen** mit ausgiebigen Lokalteilen sind die „Presse" und der „Standard", die über auch für Touristen recht aufschlussreiche **Wochenendbeilagen** verfügen. Die „Kronen Zeitung" ist das meistgelesene Blatt des Landes, aber auch das reißerischste. Als **Boulevardblatt** ist außerdem der „Kurier" zu bezeichnen, der ebenfalls die Kino- und Theaterprogramme abdruckt. Die beste **Stadtzeitung** ist zweifelsohne der „falter", mit allem Wichtigen zu wer, was, wann und wo. Aufschlussreich und interessant ist außerdem der „Augustin", die Obdachlosenzeitung, die häufig von Zeitungsausträgern in Cafés verkauft wird, wobei der Erlös Obdachlosenprojekten zugute kommt.

An **lokalen Radiosendern** stehen neben den ORF-Programmen Ö1 (87,8 MHz), Ö3 (99,9 MHz) und Radio Wien (89,9 MHz) auch reichlich Privatsender zur Auswahl, darunter Antenne Wien (102,5 MHZ), Krone Hit (105,8 MHz), Radio Arabella (92,9 MHz) und Radio Energy (104,2 MHz).

Internet und Internetcafés

Die meisten größeren Hotels bieten mittlerweile Gratis-WLAN im Zimmer bzw. in der Lobby. Auch gibt es in immer mehr Cafés die Möglichkeit, sich mit dem Smartphone, Tablet oder Laptop in das WWW einzuloggen. Des Weiteren ist das ganze Museums-Quartier 31 Wi-Fi-Zone und bietet Gratis-Internetzugang. Internetcafés hingegen gibt es nur noch vereinzelt. In der Innenstadt sei die Filiale der Firma Repa Copy empfohlen:

@171 [G5] **Repa Copy,** Franz-Josefs-Kai 33, Tel. 0800 208210

Medizinische Versorgung

Mit der **Europäischen Krankenversicherungskarte** (EHIC) können gesetzlich Krankenversicherte europaweit unmittelbar erforderliche medizinische Versorgung in Anspruch nehmen. Die Vorlage der Karte genügt, um bei Unfall oder akuter Erkrankung medizinisch behandelt zu werden. Gegebenenfalls kann es von Vorteil sein, eine **Auslandsreisekrankenversicherung** abzuschließen, insbesondere hinsichtlich des Rücktransports im Krankheitsfall.

Apotheken sind leicht zu finden. Außerhalb der Öffnungszeiten (meist Mo–Fr 8–12 und 14–18 Uhr, Sa 8–12 Uhr) sind diensthabende Apotheken den Aushängen zu entnehmen oder unter Tel. 01 1550 zu erfragen.

Diensthabende Zahnärzte können erfragt werden bei:

› **Ärztekammer für Wien,** Weihburggasse 10–12, Nottel. 01 5122078

Das größte **Krankenhaus:**

173 [E5] **Allgemeines Krankenhaus** (AKH), Währinger Gürtel 18–20 (U-Bahn-Station Michelbeuren-AKH mit Linie U6), Tel. 01 404000

Den **ärztlichen Notdienst** erreicht man Mo.–Fr. 19–7 Uhr und Sa./So. und feiertags rund um die Uhr unter 141. Außerdem gibt es die **ViennaMed Ärzte-Hotline** unter Tel. 01 5139595 (24-Std.-Service).

Mit Kindern unterwegs

Für aktive Familien gibt es mehrere Möglichkeiten, eine unterhaltsame Zeit in Wien zu verbringen. Die Stadt kann durchaus als kindergerecht, im Frühling und Sommer geradezu als Kinderparadies bezeichnet werden. Für Kids besonders interessante Ziele sind u.a. das **Haus der Musik** 9, das **Schmetterlingshaus** im Burggarten (s. S. 98), das **Naturhistorische Museum** 18, das riesige Areal des **Praters** 24 mit seinem Vergnügungspark und den Grünanlagen, der **Augarten** (s. S. 98), das **Kindermuseum ZOOM** (s. S. 70) im MuseumsQuartier 31, der Tiergarten und der Irrgarten im Schlosspark Schönbrunn 34, die **Donauinsel** und die **Strandbäder der Alten Donau** (s. S. 98). In der **Tourismus Wien Filiale** (s. S. 120) gibt es außerdem die Broschüre „Alles, was Kindern Spaß macht" mit reichlich Tipps zu diversen Unternehmungen. Wien verfügt auch über mehrere ausgesprochene Kindertheater:

- 174 [F7] **DschungelWien,** Museumsplatz 1 (im MuseumsQuartier 31), Tel. 01 522072019, www.dschungelwien.at. Stücke für Kinder und Jugendliche, die teils sogar von diesen selbst geschrieben und auf die Bühne gebracht werden.
- 175 [Karte II] **Marionettentheater Schloss Schönbrunn,** Hofratstrakt, Tel. 01 8173247, www.marionettentheater.at. Mitten im Schloss Schönbrunn 33 befindet sich das gleichnamige Marionettentheater.
- 176 [E7] **Theater der Jugend,** Neubaugasse 38, Tel. 01 52110230, www.tdj.at. Eine große Bühne für kleine Gäste. Dieses seit 1932 bestehende Theater ist das bekannteste seiner Art.
- 177 [H6] **Urania Puppenbühne,** Uraniastraße 1, Tel. 01 7126191, www.kasperlundpezi.at. Seit Generationen lachen Kinder in Wien über Kasperl und Pezi, die in der Puppenbühne des Volksbildungshauses Urania regelmäßig ihr Unwesen treiben.

Der Prater (s. S. 54) – das Nonplusultra in Sachen Spaß und Spiel

061wi Abb.: dk

Notfälle

Verlust und Diebstahl

Diebstähle und Verlust von Wertgegenständen, Geld, Kreditkarten und des Ausweises muss man bei der **Polizei** melden und protokollieren lassen.

- 178 [F5] **Bundespolizeidirektion Wien,** Schottenring 7–9, Tel. 01 31310
- **Wiener Fundamt,** Servicenr. 0900 600200, www.fundamt.gv.at
- Fundbüro der Wiener Linien, Tel. 01 7909 43500
- Fundbüro der ÖBB, Südbahnhof, Tel. 93000 22222

Bei **Verlust der Debit-(EC-), Kredit- oder SIM-Karte** gibt es für Kartensperrungen eine **deutsche Zentralnummer** (unbedingt vor der Reise klären, ob die eigene Bank bzw. der jeweilige Mobilfunkanbieter diesem Notrufsystem angeschlossen ist). **Aber Achtung:** Mit der telefonischen Sperrung sind die Bezahlkarten zwar für die Bezahlung/Geldabhebung mit der PIN gesperrt, nicht jedoch für das **Lastschriftverfahren mit Unterschrift.** Man sollte daher auf jeden Fall den Verlust zusätzlich **bei der Polizei zur Anzeige bringen,** um gegebenenfalls auftretende Ansprüche zurückweisen zu können.

In **Österreich** und der **Schweiz** gibt es keine zentrale Sperrnummer, daher sollten sich Besitzer von in diesen Ländern ausgestellten Debit-(EC-) oder Kreditkarten vor der Abreise bei ihrem Kreditinstitut über den zuständigen Sperrnotruf informieren.

Generell sollte man sich immer die **wichtigsten Daten** wie Kartennummer und Ausstellungsdatum **separat notieren,** da diese unter Umständen abgefragt werden.

- **Deutscher Sperrnotruf:** Tel. +49 116116 oder Tel. +49 3040504050
- **Weitere Infos:** www.kartensicherheit.de, www.sperr-notruf.de

Notrufnummern

- Euronotruf: 112
- Feuerwehr: 122
- Polizei: 133
- Rettung/Notarzt: 144
- Ärzte-Funkdienst: 141
- ÖAMTC-Pannenhilfe: 120

Öffnungszeiten

In Wien sind **die meisten Geschäfte** Mo.–Fr. 9.30–20 Uhr und Sa. 9.30–18 Uhr geöffnet, kleinere Läden und solche außerhalb der Innenstadt machen manchmal eine Mittagspause. Lebensmittelläden öffnen meist früher und schließen samstags oft schon am frühen Nachmittag, **Postämter** sind Mo.–Fr. 8–12 und 14–18 Uhr und Sa. 9–12 Uhr geöffnet. **Museen** besucht man am sichersten zwischen 10 und 16 Uhr, wobei viele davon – aber nicht alle – montags geschlossen haben. Ämter sollten zwischen 8 und 12 Uhr besucht werden, **Banken** sind gewöhnlich Mo., Di., Mi. und Fr. von 8–15 und Do. bis 17.30 Uhr für Kunden geöffnet. Sonntags bleiben alle Geschäfte geschlossen, Ausnahmen bilden Shops in den Bahnhöfen und auf dem Flughafen.

Die Rosa Lila Villa ist die optimale Anlaufstelle für Schwule und Lesben in Wien

Post

In Österreich gibt es für Auslandsbriefverkehr **zwei Versandarten: Priority** und **Economy**, wobei Standardsendungen bis 20 g und Postkarten immer schnell bzw. Priority transportiert werden und 0,70 € innerhalb Europas, 1,70 € weltweit kosten.

Im Inland werden für Standardbriefe und Postkarten 0,62 € fällig. Mehr Informationen findet man unter www.post.at. **Briefkästen** sind gelb.

179 [H6] **Hauptpostamt Wien,** Fleischmarkt 19

Radfahren

Wien ist im Laufe der letzten Jahre zu einer ausgesprochen **radfreundlichen Stadt** geworden und die Wiener werden dementsprechend immer **radbegeisterter.** Durch die vielen Parkanlagen, die **vielen Radwege** in der Innenstadt sowie die komplizierte Parkplatzsituation erstaunt das nicht.

Fahrräder können in **öffentlichen Verkehrsmitteln** Mo.–Fr. 9–15 und ab 18.30 Uhr, Sa. ab 9 Uhr und So. ganztägig (kostenlos!) mitgenommen werden. Einzige Einschränkung stellt die U6 dar, in der nur in den Niederflurwagen Räder erlaubt sind.

Seit einigen Jahren stehen neben Mieträdern an über 120 über die Stadt verteilten Terminals auch die sogenannten **Citybikes** (www.citybikewien.at) zur Verfügung, für deren Anmietung man eine österreichische MaestroCard oder eine internationale Kreditkarte benötigt. In der ersten Stunde ist die Ausleihe kostenlos.

180 **Radsport Nussdorf,** Donaupromenade, Tel. 01 3704598, www.donau-fritzi.at

181 [K3] **Rad- und Skaterverleih Copa Cagrana,** Reichsbrücke – Donauinsel, Am Damm 1, Tel. 01 2635242, www.fahrradverleih.at

182 [J5] **Radverleih Hochschaubahn,** Prater 113, bei der Hochschaubahn, Tel. 01 7295888, www.radverleih-hochschaubahn.com

183 [A8] **ride!,** Zichygasse 2, Tel. 0664 8587163, www.bookaride.at. Auf Mountainbikes spezialisierter Verleih, der auch Touren in den nahegelegenen Wienerwald organisiert.

Schwule und Lesben

Wien verfügt über eine durchaus große Schwulen- und Lesbenszene, wenn diese auch nicht mit denen in vielen deutschen Großstädten vergleichbar ist. Ein wirkliches Epizentrum der Schwulen- und Lesbenszene gibt es nicht, vielmehr sind Lokale und Klubs mit vorrangig homosexuellem Publikum über die ganze Stadt verteilt.

062wi Abb.: dk

Infostellen in Wien sind z. B.

184 [E8] **Rosa Lila Villa,** Linke Wienzeile 102, Tel. 01 5854343, www.villa.at. Eine Art Beratungsstelle für Schwule und Lesben, mit Informationen zu schwul-lesbischem Leben in Wien. Angeschlossen befindet sich das Café Willendorf.

185 [F8] **Homosexuelle Initiative Wien,** Heumühlgasse 14, Tel. 01 2166604, www.hosiwien.at. Zum Vereinszentrum gehört auch das beliebte Café Gugg.

186 [F8] **Qwien – Zentrum für schwul/lesbische Kultur und Geschichte,** Große Neugasse 29, www.qwien.at. Hier gibt es schwule Stadtführungen.

In Wien gibt es mehrere monatlich und kostenlos ausliegende Stadtmagazine für Homosexuelle, von denen die folgenden wohl die nützlichsten sind: QueerBook (www.queerbook.at) und XTRA! (www.xtra-news.at). Außerdem bieten diese Websites Wissenswertes:

- www.gayboy.at
- www.gaynet.at
- www.rainbow.at
- www.gayinvienna.com

Ein immer wiederkehrender Anblick in Wien: die Tourbusse von Vienna Sightseeing

Ausgesprochene Schwulen- und Lesbenlokale sind:

188 [E8] **Red Carpet,** Magdalenenstr. 2, www.redcarpet.co.at. Als Treff der Homosexuellenszene – mit erlesenen Weinen und super Cocktails – ist das Red Carpet seit einiger Zeit äußerst angesagt.

189 [G7] **Shambala Bar,** Opernring 13–15. Eine der hippsten Chill-out-Bars mit leckeren Cocktails und Live-DJs.

190 [F8] **Sling,** Kettenbrückengasse 4. Diese Cruising-Lounge-Bar richtet sich ausschließlich an ein schwules Publikum.

Beliebte Klubs sind:

192 [G6] **Why Not,** Tiefer Graben 22, www.why-not.at. Die älteste und faktisch auch einzige reine Schwulendisco in Wien. House- und technolastige Musik.

193 [F8] **Wiener Freiheit,** Schönbrunner Straße 25. Die Wiener Freiheit ist einem britischen Club nachempfunden. Neben drei Bars verfügt es über eine große Diskothek und viele gemütliche Sitznischen. Vor allem am Wochenende setzt sich das Publikum aus einer bunten Mischung von Schwulen, Lesben und Heterosexuellen zusammen.

Sicherheit

Für Besucher ist Wien **eine sichere Stadt,** zumindest keinesfalls unsicherer als jede andere Großstadt in Zentraleuropa. Die **üblichen Vorsichtsmaßnahmen** im Hinblick auf Schmuck, Handtaschen und Geldbeutel, Kameras u. a. Wertgegenstände, vor allem bei Massenaufläufen, Veranstaltungen, auf Märkten oder in öffentlichen Verkehrsmitteln, sind wie immer und überall angeraten. Ist man bestohlen worden, muss bei der Polizei Anzeige erstattet werden (s. S. 124).

Stadttouren

Bus- und Straßenbahntouren

Diese Touren sind in der Regel praktisch, da alle wichtigen Sehenswürdigkeiten in einem Rutsch abgeklappert werden. Wirklich persönlich sind die Touren aber nicht, so werden zum Beispiel die Erklärungen zu den einzelnen Attraktionen meist als vorgefertigte Audiodatei über Kopfhörer eingespielt.

› **Vienna Sightseeing,** Tel. 01 71246830, www.viennasightseeingtours.com. Die gelben Doppeldeckerbusse – teilweise oben offen – sieht man überall in Wien. Vienna Sightseeing bietet neben der klassischen City Tour + Schönbrunn (ca. 3 Std., 47 €) auch eine Sondertour „Wien bei Nacht“ (ca. 3 Std., 54 €) sowie diverse Touren in die nähere und weitere Umgebung der Stadt. Auch „Hop On Hop Off“ ist möglich. Außerdem bekommt man hier eine All-inclusive-Sightseeing-Karte namens Vienna PASS (www.viennapass.de), die für zwei, drei oder sechs aufeinanderfolgende Tage gültig ist und neben unlimitierter Nutzung der „Hop On Hop Off“-Bustouren auch den Eintritt zu über 60 Sehenswürdigkeiten abdeckt, darunter das Schloss Schönbrunn, die Hofburg, die Albertina, das Naturhistorische Museum, das Kunsthistorische Museum u. v. a. Der Pass kostet je nach Dauer 66,60, 80,10 oder 102,60 € (inklusive Nahverkehrsticket etwas mehr) und bietet sich v. a. dann an, wenn man in kurzer Zeit möglichst viel sehen möchte. Bei durchschnittlich mehr als 10 € Eintritt pro Museum und bereits einer dreistündigen Stadtrundfahrt zum Preis von mindestens 20 €, macht es für aktive Besucher durchaus Sinn, über den Erwerb des Vienna PASS nachzudenken.

› **Red Bus City Tours,** Tel. 01 5124030, www.redbuscitytours.at. Die „rote“ Konkurrenz bietet mehrere Touren, darunter die Innere Stadt entlang des Ring + Prater (ca. 1 Std., 15 €) sowie die große Stadttour inkl. Schloss Belvedere, Schloss Schönbrunn, Prater und Donauinsel (ca. 2 Std., 18 €).

› **Oldtimer Tours,** www.oldtimertours.at, Tel. 01 503744312. Die definitiv persönlichste der hier erwähnten Touren in einem historischen Feuerwehrmannschaftsbus umfasst Erklärungen von einem Reiseführer und beinhaltet im Großen und Ganzen die Gebäude entlang der Ringstraße sowie das MuseumsQuartier (ca. 1 Std., 19 €).

› **Vienna-Ring-Tram,** www.wienerlinien.at. Die in gelb gehaltene Vienna-Ring-Tram ist eine für Touristen umfunktionierte Straßenbahn, die in etwa 25 Min. eine Runde um den Ring (im Uhrzeigersinn) fährt. Dabei werden dem Besucher über Kopfhörer Informationen zu den Sehenswürdigkeiten gegeben. Die Ring-Tram ist täglich von 10 bis 17.30 Uhr unterwegs; Abfahrt- und Endstation ist der Schwedenplatz, wo die Tram immer zur vollen und halben Stunde abfährt (9 € für Erwachsene und 4 € für Kinder bis 15 Jahre. Tickets gibt es in der Bahn).

063wi Abb.: dk

Schifffahrten

- **DDSG Blue Danube Schifffahrt GmbH,** www.ddsg-blue-danube.at, Tel. 01 588800. Für sämtliche Flusstouren – ob als reine Besichtigungstour der Donau und des Donaukanals, Konzertfahrten oder Dinner bei Kerzenlicht an Deck – ist die Donaudampfschifffahrtsgesellschaft Blue Danube zuständig. Die Standardtour „Große Donaurundfahrt" (ca. 75 Min.) kostet 22,50 €. Der Bootsanlegeplatz befindet sich am Handelskai 265 (U-Bahn-Station Vorgartenstraße).

Sonstige Touren

- **Wiener Spaziergänge,** www.wienguide.at, Tel. 01 4899674. Der Verband der Fremdenführer „Wiener Spaziergänge" gehört zum offiziellen Fremdenverkehrsamt der Stadt. Rund 60 verschiedene Spaziergänge mit den unterschiedlichsten Themen werden angeboten, darunter auch die klassische Einführungstour „Wien auf den ersten Blick". Der Preis einer Tour liegt bei 16 €, exklusive eventueller Eintrittspreise.
- **Fiakertouren,** ab Albertina-, Helden- oder Stephansplatz, www.fiaker.at oder www.fiaker.net, Tel. 01 7491704 oder 01 6161725. Eine Fahrt mit dem Fiaker (bitte auf dem a betonen!) gilt als typisches Wienerlebnis. Zur Auswahl steht die „kleine Rundfahrt" (ca. 20 Min., 55 €), die „große Rundfahrt" (ca. 40 Min., 80 €) und die Ein-Stunden-Rundfahrt (110 €).
- **Fahrradtouren** werden von Pedal Power (www.pedalpower.at, Tel. 01 7297234) angeboten, wobei es tgl. eine Vormittags- und eine Nachmittagstour gibt (jeweils ca. 3 Std., 29 €). Individuelle Touren bietet außerdem Bike & Guide (www.bikeandguide.com, Tel. 01 2121135).
- **Segway-Touren:** Wien kann auch mit dem Segway – einem Elektroroller – erkundet werden. Sowohl Segway Vienna (www.segway-vienna.at), als auch Vienna Sightseeing (s. S. 127) bieten etwa 3-stündige Touren entlang der Ringstraße und in der Inneren Stadt (ca. 79 €). Voraussetzung für eine Segway-Tour ist das Mindestalter von 12 Jahren sowie ein Körpergewicht von mind. 45 kg und max. 113 kg.
- **Shades-Tours,** www.shades-tours.com. Dieses Unternehmen bietet Touren zum Thema Obdachlosigkeit in Wien an, die von Obdachlosen selbst geleitet werden. Die Guides führen kleine Gruppen zu themenrelevanten Plätzen, die ihre eigene Lebenssituation betreffen oder betroffen haben. Hierbei erfährt man nicht nur etwas über die facettenreichen Schattenseiten unserer Gesellschaft, sondern lernt Wien auch aus einem Blickwinkel kennen, der definitiv alles andere als Mainstream ist. Die Macher unterstützen die Guides nicht nur durch die Bezahlung für die Touren, sondern ermöglichen ihnen dadurch auch den Einstieg in den Arbeitsmarkt. Kostenpunkt für eine etwa zweistündige Tour: 15 € pro Person.

▷ Bereits von außen sehenswert – das luxuriöse Hotel Imperial

Telefonieren

Wiens Vorwahl lautet 01, innerhalb der Stadt muss sie von Festnetz zu Festnetz nicht mitgewählt werden, bei Gesprächen vom Handy zum Festnetz jedoch schon.

Die **Ländervorwahl** nach Österreich lautet **0043.** Die darauffolgende 0 der Ortsnummer entfällt bei Gesprächen aus dem Ausland, im Land selber muss sie jedoch mitgewählt werden. Aus Österreich muss folgende Nummer vorgewählt werden:

- Deutschland: 0049
- Schweiz: 0041

Bei **Münz- und Wertkartentelefonen** der Telekom Austria gibt es im Inlandsverkehr nur eine Zone (gesamtes Bundesgebiet) und keine zeitliche Staffelung. Das Telefonieren aus dem Hotelzimmer kann deutlich teurer sein als an öffentlichen Apparaten. Telefonkarten erhält man in Postämtern und Trafiken (Zeitschriften- und Zigarettengeschäft).

Mobiltelefone funktionieren im GSM-Netz im 900-MHz- und im 1800-MHz-Bereich.

Unterkunft

Allgemeine Situation

Das Thema Unterkunft stellt in Wien kein Problem dar. Die Stadt verfügt über etwa 450 Hotels aller Kategorien und ist – im Vergleich zu anderen europäischen Großstädten – auch nicht übertrieben kostspielig. Die Hotels in der Inneren Stadt sind normalerweise teurer als solche im Umkreis. Durch das gut ausgebaute Nahverkehrsnetz ist aber eine Unterkunft etwas weiter draußen nur in den seltensten Fällen ein echter Nachteil. Angenehm ist, dass in den meisten Hotels ein reichhaltiges Frühstück (meist in Büffetform) im Preis eingeschlossen ist.

Preiskategorien

Da Preise saisonal variieren und zudem rasch veränderlich sind, ist es unmöglich, genaue Summen anzugeben. Die nachfolgend verwendeten Preiskategorien können daher nur als Anhaltspunkte dienen (pro DZ und Nacht inkl. Frühstück).

€€€	über 150 €
€€	100–150 €
€	unter 100 €

Eine Vorausbuchung empfiehlt sich das ganze Jahr über, speziell aber in den Frühlings- und Sommermonaten sowie im Advent, über Silvester und generell an Wochenenden. Hochsaison ist um Ostern und Pfingsten, von Juni bis August sowie im Dezember.

Seit Mai 2016 erhebt die Stadt eine Ortstaxe von 3,2 % des Beherbergungsentgelts. In der Regel wird diese in den Übernachtungs-

064wi Abb.: dk

EXTRAINFO

Buchungsportale

Neben Buchungsportalen für **Hotels** (z. B. www.booking.com, www.hrs.de oder www.trivago.de) bzw. für **Hostels** (z. B. www.hostelworld.de oder www.hostelbookers.de) gibt es auch Anbieter, bei denen man **Privatunterkünfte** buchen kann. Portale wie www.airbnb.de, www.wimdu.de oder www.9flats.com vermitteln Wohnungen, Zimmer oder auch nur einen Schlafplatz auf einer Couch. Diese oft recht günstigen Übernachtungsmöglichkeiten sind nicht unumstritten, weil manchmal normale Wohnungen gewerblich missbraucht werden. Einige Städte greifen deshalb regulierend ein.

preis inkludiert und nicht gesondert ausgewiesen.

- Tourismus Wien bietet kostenlose Hotelbuchungen an: www.wien.info, info@wien.info, Tel. 0043 1 24555
- Alternativ dazu gibt es sog. Broker, wie beispielsweise www.hotel.de, www.hotelreservierung.de, www.hrs.de

Unterkunftstipps

Sofern sich die nachfolgenden Unterkünfte nicht im 1. Bezirk befinden, wird dies explizit angegeben.

194 [G6] **Graben Hotel** €€-€€€, Dorotheergasse 3, Tel. 01 51215310, www.kremslehnerhotels.at. **Historisch und mittendrin:** Inmitten des angenehm beschaulichen Antiquitätenviertels liegt dieses geschichtsträchtige Haus, dessen Jugendstileinrichtung auf das Jahr 1918 zurückgeht. Mit etwas Glück wohnt man hier in einem Zimmer (41 an der Zahl), in dem vielleicht bereits Peter Altenberg, Franz Grillparzer, Max Brod oder Franz Kafka genächtigt hat.

195 [H6] **Hollmann Beletage** €€-€€€, Köllnerhofgasse 6, Tel. 01 9611960, www.hollmann-beletage.at. **Prädikat 100 % Wien:** Das extravaganteste Hotel Wiens. Mit 25 unterschiedlich gestylten Zimmern ist ein Aufenthalt hier ein echtes Erlebnis. Im Vordergrund steht das persönliche Wohlergehen und die wohnliche Atmosphäre.

196 **Hostel Hütteldorf** €, Schlossberggasse 8, Tel. 01 8771501, www.hostel.at. Das Hostel Hütteldorf in Hietzing (13. Bezirk) liegt inmitten einer weitläufigen Parkanlage, in der Nähe des Schlosses Schönbrunn. Es gibt Einzel- bis Mehrbettzimmer in mehreren Ausführungen, die sich preislich ab 13 € bewegen.

197 [C7] **Hotel-Hostel Do Step Inn** €, Felberstraße 20, Tel. 01 9823314, www.dostepinn.at. Angenehme Adresse im 15. Bezirk – Westbahnhofnähe – wahlweise mit Hotelzimmern (ab 39 €) oder Platz im Mehrbettzimmer (ab 14,50 €).

198 [F7] **Hotel 3 Kronen** €-€€, Schleifmühlgasse 25, Tel. 01 5873289, www.hotel3kronen.at. **Optimaler Service in einer der schönsten Gegenden der Stadt:** Im 4. Bezirk direkt beim Naschmarkt und in der abends lebendigen Schleifmühlgasse liegt dieses geschmackvolle Hotel mit 41 Räumen. Das späthistorische Décor der Fassade setzt sich auch in den rund vier Metern hohen Zimmern fort.

199 [E7] **Hotel Altstadt Vienna** €€-€€€, Kirchengasse 41, Tel. 01 5226666 und 01 52633990, www.altstadt.at. **Ruhig und gemütlich:** Im 7. Bezirk, nahe der belebten Burggasse gelegen, befindet sich dieses nette Hotel in einem 1902 erbauten Gebäude. Die 42 großzügigen, hohen, hellen und individuell eingerichteten Zimmer bieten wahrhaftig ein erstaunlich angenehmes Ambiente.

200 [H6] **Hotel Am Parkring** €€€, Parkring 12, Tel. 01 514800, www.schick-hotels.com. **Vierbeiner willkommen:** Zwar nicht im schönsten, dafür mit 13 Stockwerken höchsten Gebäude in diesem Teil der Inneren Stadt liegt das Hotel Am Parkring. So ziemlich jeder der 58 Räume – ob Zimmer, Suite oder Appartement – verfügt über eine außergewöhnliche Aussicht über die Dächer der Stadt, meist sogar von der eigenen Terrasse aus.

201 [H6] **Hotel Austria** €€, Wolfengasse 3/Fleischmarkt 20, Tel. 01 51523, www.hotelaustria-wien.at. **Charmanter geht es in der City kaum:** Ruhiger kann man zu vergleichbaren Preisen in der Innenstadt kaum wohnen. In einer engen Sackgasse gelegen, beherbergt dieses mit viel Liebe zum Detail gestaltete Hotel 46 Zimmer – allesamt im Biedermeierstil –, die um einen Innenhof angeordnet sind.

202 [G8] **Hotel Erzherzog Rainer** €€, Wiedner Hauptstraße 27–29, Tel. 01 22111, www.schick-hotels.com. **Edel und nicht überteuert:** Im 4. Bezirk, unweit des Karlsplatzes und des Naschmarktes gelegen, liegt dieses 1913 eröffnete Hotel. Durch die 84 traditionell herrschaftlichen Zimmer und den feudalen Eingangsbereich weht noch heute etwas Donaumonarchieflair.

203 [G7] **Hotel Imperial** €€€, Kärntner Ring 16, www.imperialvienna.com, Tel. 01 501100. **Wohnen wie ein Kaiser:** Dieses bereits 1873 eröffnete Traditionshaus ist eines der schönsten Beispiele der Wiener Architektur des 19. Jh. Mit 138 komfortabel gestalteten Zimmern und Suiten und seiner Lage direkt an der Ringstraße neben dem Musikverein stellt es ein ideales, wenn auch teures Refugium für einen Wienbesuch dar.

065wi Abb.: dk

Gastfreundlich, gemütlich und günstig: das nette Hotel 3 Kronen in der Schleifmühlgasse

204 [G6] **Hotel Kärntnerhof** €€, Grashofgasse 4, Tel. 01 5121923, www.karntnerhof.com. **Altes Dekor neu restauriert:** 44 Zimmer, darunter einige geräumige Appartements für bis zu fünf Personen, bietet das Altwiener Hotel Kärntnerhof, in dem die persönliche Betreuung des Gastes oberste Priorität hat. Gutes Preis-Leistungs-Verhältnis.

205 [G6] **Hotel König von Ungarn** €€€, Schulerstraße 10, Tel. 01 515840, www.kvu.at. **Zentral gelegen und individuell geführt:** Parallel zur Wollzeile, und damit in ruhiger und doch zentraler Lage, befindet sich dieses rund 300 Jahre alte Gebäude mit dem überdachten Innenhof, in dem die Lobby untergebracht ist. Auch hier erstrahlt noch überall etwas der „guten alten Zeit", als in den 33 Zimmern vorwiegend ungarische Adlige und Magnaten residierten. Man beachte die Seiten der alten Gästebücher, die an den Wänden der Gänge zu sehen sind.

206 [G6] **Hotel Pension Neuer Markt** €-€€, Seilergasse 9, Tel. 01 5122316, www.hotelpension.at. **Für die ganze Familie:** In dieser Pension kommt man sich, zumindest was die Einrichtung angeht, eher wie in einer Privatwohnung vor. Die Rezeption liegt im zweiten Stock (mit Lift zu erreichen) – und die 37 Zimmer liegen einen Stock darüber. Billiger geht es in der Inneren Stadt zu vergleichbarem Komfort wirklich nirgends!

207 [G7] **Hotel Sacher** €€€, Philharmonikerstraße 4, Tel. 01 51456810, www.sacher.com. **Tradition verpflichtet:** Zum Sacher muss nicht viel gesagt werden, denn es ist zweifelsohne das berühmteste Hotel Wiens. Und wem die Zimmerpreise nicht zu teuer sind, dem ist hier, hinter der Wiener Staatsoper in einem der 152 luxuriös eingerichteten Räume tatsächlich ein besonders exklusives Wienerlebnis garantiert.

208 [C7] **Hotel Stadthalle** €-€€, Hackengasse 20, Tel. 01 9824272, www.hotelstadthalle.at. **Persönlich und individuell:** Abseits des Trubels im geruhsamen 15. Bezirk, aber unweit des Westbahnhofes gelegen, ist dieses schicke Boutiquehotel mit seinen 44 Zimmern – die ruhigen liegen zum idyllischen Hofgarten hin – ein Kleinod der Entspannung.

209 [G6] **Hotel Wandl** €€, Petersplatz 9, Tel. 01 534550, www.hotel-wandl.com. **Professioneller Service:** Bereits seit 1854 befindet sich dieses Hotel in Familienbesitz. Mit 138 Zimmern gehört es zu den größeren Adressen seiner Kategorie, was aber nichts an zuvorkommender, persönlicher Atmosphäre einbüßen lässt. Die „besten“ Zimmer sind die historischen mit den Altwiener Stilmöbeln.

210 [Karte I] **Landhaus Fuhrgassl-Huber** €€-€€€, Neustift am Walde 68/Rathstraße 24, Tel. 01 4403033, www.fuhrgassl-huber.at. **Wohlfühlen und genießen:** Die ultimativste Adresse jenseits des hektischen Großstadttrubels. Idyllisch inmitten der Weinberge am äußersten Rande des 19. Bezirks gelegen, bietet dieses Hotel all die Vorzüge eines echten Landhauses. Die 38 Zimmer sind rustikal, aber elegant und viele verfügen über einen eigenen Balkon oder sogar eine Terrasse.

211 [G8] **Pakat Cityhotel** €-€€, Theresianumgasse 21a, Tel. 01 5051696, www.climacity-hotel.com. **Günstig und tipptopp gepflegt:** Von außen mag dieses Gebäude nicht besonders wirken, dafür bietet es im Inneren umso mehr.
Im 4. Bezirk gelegen, aber mit der U-Bahn praktisch mit der Innenstadt verbunden, hat man im Pakat Cityhotel aus den oberen Stockwerken einen Panoramablick über Wien. Einige der 37 modern und geschmackvoll – im Bauhausstil – eingerichteten Zimmer verfügen über begrünte Balkone. Familien mit Kindern willkommen.

212 [G6] **Pension Aviano** €€, Marco d'Aviano Gasse 1, Tel. 01 5128330, www.secrethomes.at. **Klein, aber fein:** Das beschreibt diese geschmackvoll gestaltete, im 3. und 4. Stock eines Patrizierhauses unmittelbar an der Kärntner Straße gelegene Pension wohl am allerbesten. Und mit gerade mal 17 Zimmern – darunter zwei Eckzimmer mit Blick auf die Kärntner Straße – strahlt sie genau jene Individualität aus, die man in großen Hotels so häufig vermisst.

213 [G6] **Pension Nossek** €€, Graben 17, Tel. 01 5337041, www.pension-nossek.at. **Fast wie in einer Privatwohnung und das mitten in der City:** Geradezu heimelig ist die einzige Unterkunft am Graben mit ihren 31 Zimmern, den herrlichen Stuckdecken und den alten, knarrenden Parkettböden. Die Pension erstreckt sich von der zweiten Etage (Rezeption) über

› *„Bitte sich festzuhalten!“ – unterwegs in Wiens Straßenbahnen*

drei Stockwerke nach oben (Lift vorhanden) und brüstet sich damit, dass hier Wolfgang Amadeus Mozart zwischen 1781 und 1782 lebte. TV auf Anfrage.

214 [D8] **Westend City Hostel** €, Fügergasse 3, Tel. 01 5976729, www.westendhostel.at. Im 6. Bezirk, unweit der Mariahilfer Straße gelegene Herberge mit verschiedensten Zimmer- (von 1-Bett bis 12-Bett) und Preiskategorien (ab 16,90 €), Aufenthaltsraum mit Sat-TV, Chill-out-Lounge mit kostenpflichtigem Internetzugang, Wasch- und Trockenmaschinen.

215 [F8] **Wombat's City Hostel** €, Rechte Wienzeile 35, Tel. 01 8972336, www.wombats-hostels.com/vienna/the-naschmarkt. **Gute Lage im 4. Bezirk:** Das Hostel steht unmittelbar beim Naschmarkt und es sind etwa 15 Min. zu Fuß in die Innere Stadt. Es gibt Doppel- und 3- bis 8-Bett-Zimmer, einen Aufenthaltsraum, TV und WLAN.

Verkehrsmittel

Öffentlicher Nahverkehr

Wien verfügt über eines der weitläufigsten und **bestorganisiertesten Nahverkehrsnetze Europas.** Praktisch jeden Ort der Stadt erreicht man mit den „Öffentlichen" und selten hat man mehr als 500 m bis zur nächsten Station oder Haltestelle zu gehen!

Es gibt fünf U-Bahn-Linien sowie zahlreiche Bus- und Straßenbahnlinien, die allesamt von den **Wiener Linien** betrieben werden. Der Großraum Wien heißt nahverkehrstechnisch **Verkehrsverbund Ost-Region** (kurz VOR), der wiederum in verschiedene Zonen unterteilt ist, wobei das Stadtgebiet als Zone 100 zusammengefasst wird. Ein Ticket innerhalb dieser Zone kann für alle öffentlichen

066wi Abb.: mw

Verkehrsmittel verwendet werden und erlaubt auch das Umsteigen. Die **Fahrkarten** können vor Fahrtantritt an Automaten, in Tabaktrafiken (Zeitschriften- und Zigarettengeschäft) oder an offiziellen Vorverkaufsstellen gekauft werden. Eine Einzelfahrt kostet dabei 2,40 €. Neben den einfachen Tickets gibt es 24- (8 €), 48- (14,10 €) oder 72-Stunden- (17,10 €) Karten, die 8-Tage-Klimakarte – auch „Umweltticket" genannt (40,80 €) – sowie den 24, 48 oder 72 Stunden gültigen **EASY CityPass** (ab 14,90 €, s. S. 120). Senioren ab 62 Jahren zahlen für zwei Fahrten nur 3 €.

Das **U-Bahn-Netz** ist ausgesprochen verständlich und übersichtlich gestaltet. Die meisten Sehenswürdigkeiten außerhalb der Inneren Stadt können problemlos unterirdisch erreicht werden. Die U-Bahnen verkehren täglich von 5 bis 0.30 Uhr, von Freitag auf Samstag und Samstag auf Sonntag sogar rund um die Uhr.

Zahlreiche **Straßenbahnlinien** – in Wien spricht man von der *Tram* oder der *Bim* – verbinden viele Ziele jenseits des Gürtels mit Orten entlang der Ringstraße. Die Straßenbahnen fahren täglich zwischen 5 Uhr und Mitternacht.

Auch gibt es zahlreiche **Buslinien,** von denen aber nur wenige für Touristen praktisch sind. Höchstens die **Nachtbuslinien** – täglich zwischen 0.45 bis 5 Uhr morgens – sind für Nachtschwärmer von Interesse.

› www.wienerlinien.at

Nicht zum Verbund der Wiener Linien gehören allerdings der **City Airport Train** (CAT) und die diversen Flughafenbusse (s. S. 117). Fahrkarten für diese müssen folglich gesondert gekauft werden, obwohl die Vienna Card auch in manchen Flughafenbussen einen Preisnachlass beinhaltet.

Taxis und Faxis

Wien verfügt über **mehrere Taxiunternehmen.** Die Grundgebühr beträgt tagsüber 3,80 €, nachts und am Wochenende 4,30 €, steigt danach entsprechend der gefahrenen Strecke. Wichtige Telefonnummern von Taxiunternehmen sind:

› Tel. 01 31300
› Tel. 01 40100
› Tel. 01 60160

Es gibt auch ausgesprochene Flughafentaxis wie z. B. den C&K-Airport-Service (Tel. 01 44444).

In der Inneren Stadt gibt es außerdem noch die sog. **Faxis** (Fahrradtaxis). In den für zwei Fahrgäste konzipierten Gefährten kosten die ersten 1,5 Kilometer pauschal 5 €.

› Tel. 0699 12005624, www.faxi.at

Wetter und Reisezeit

In Wien herrscht ein **mitteleuropäisches Kontinentalklima.** Die **durchschnittliche Tagestemperatur** liegt im Januar bei ungefähr 0 °C, im April hingegen bei etwa 12 °C, während das Thermometer im Juli über 20 °C und im Oktober 10 °C anzeigt. **Nebel** und länger anhaltende **Regenperioden** sind selten und wenn, dann am ehesten im Spätherbst anzutreffen. **Schnee** gibt es immer seltener und wenn, dann nur in wenigen Fällen dauerhaft. Im Sommer hingegen kann es unangenehm heiß werden.

Eine Reise nach Wien lohnt sich also **das ganze Jahr über.** Es kommt natürlich dabei auf die persönlichen Prioritäten an. Möchte man das grüne Wien genießen, sind die Monate ab Mai bis September prädestiniert, stehen Museen, Konzerte, Theater und/oder Shopping im Mittelpunkt, dann ist die Jahreszeit nebensächlich.

Durchschnitt	Wetter in Wien											
Maximale Temperatur	1°	4°	9°	15°	20°	23°	25°	24°	20°	14°	7°	3°
Minimale Temperatur	−4°	−2°	1°	5°	10°	13°	14°	14°	11°	6°	2°	−2°
Regentage	14	12	13	12	14	14	13	12	10	10	13	14
	Jan	Febr	März	Apr	Mai	Juni	Juli	Aug	Sept	Okt	Nov	Dez

ANHANG

083wi Abb.: dk

Das komplette Programm zum Reisen und Entdecken von

REISE KNOW-HOW

- **Reiseführer** – alle praktischen Reisetipps von kompetenten Landeskennern
- **CityTrip** – kompakte Informationen für Städtekurztrips
- **CityTrip**PLUS – umfangreiche Informationen für ausgedehnte Städtetouren
- **InselTrip** – kompakte Informationen für den Kurztrip auf beliebte Urlaubsinseln
- **Wohnmobil-Tourguides** – alle praktischen Reisetipps für Wohnmobil-Reisende
- **Wanderführer** – exakte Tourenbeschreibungen mit Karten und Anforderungsprofilen
- **KulturSchock** – Orientierungshilfe im Reisealltag
- **Kauderwelsch Sprachführer** – vermitteln schnell und einfach die Landessprache
- **Kauderwelsch plus** – Sprachführer mit umfangreichem Wörterbuch
- **world mapping project™** – aktuelle Landkarten, wasserfest und unzerreißbar
- **Edition Reise Know-How** – Geschichten, Reportagen und Abenteuerberichte

Register

Der Autor

Daniel Krasa ist freiberuflicher Autor und Dokumentarfilmer. Er wurde 1976 in Wien geboren, verbrachte aber den Großteil seines Lebens weitab von Schnitzel und Grünem Veltliner. Trotz seiner langjährigen Aufenthalte in der arabischen Welt, in Südamerika und v. a. in Indien und Südostasien hat er den Kontakt zu Wien nie verloren und es zieht ihn alljährlich zurück an die schöne blaue Donau. Im Reise Know-How Verlag liegen von Daniel Krasa mehrere Sprachführer in der Kauderwelsch-Reihe, der Reiseführer „Ibiza mit Formentera" (zusammen mit Hans-R. Grundmann) und die CityTrip-Bände Frankfurt, Graz, Neapel und Tel Aviv vor.

Für die Unterstützung und Hilfe bei Erarbeitung dieses Buches dankt der Autor: August Krasa, Anne Lehrnickel, Catherine Koch, Daniel Boigner, Erika Perzi, Erika Petrnousek, Ingeburg Amodé, Lukas Mayrhofer, Markus Wache, Marlene Kyrer, Michael Koch u. v. a.

Schreiben Sie uns

Dieses Buch ist gespickt mit Adressen, Preisen, Tipps und Daten. Unsere Autoren recherchieren unentwegt und erstellen alle zwei Jahre eine komplette Aktualisierung, aber auf die Mithilfe von Reisenden können sie nicht verzichten. Darum: Teilen Sie uns bitte mit, was sich geändert hat oder was Sie neu entdeckt haben. Gut verwertbare Informationen belohnt der Verlag mit einem Sprachführer Ihrer Wahl aus der Reihe „Kauderwelsch".

Kommentare übermitteln Sie am einfachsten, indem Sie die Web-App zum Buch aufrufen (siehe Umschlag hinten) und die Kommentarfunktion bei den einzelnen auf der Karte angezeigten Örtlichkeiten oder den Link zu generellen Kommentaren nutzen. Wenn sich Ihre Informationen auf eine konkrete Stelle im Buch beziehen, würde die Seitenangabe uns die Arbeit sehr erleichtern. Unsere Kontaktdaten entnehmen Sie bitte dem Impressum.

Impressum

Daniel Krasa

CityTrip Wien

7., neu bearbeitete und komplett aktualisierte Auflage 2017

ISBN 978-3-8317-3004-9
Printed in Germany

Druck und Bindung:
Media-Print, Paderborn

Herausgeber: Klaus Werner
Layout: amundo media GmbH (Umschlag, Inhalt), Peter Rump (Umschlag)
Lektorat: amundo media GmbH
Karten: Ingenieurbüro B. Spachmüller, amundo media GmbH
Anzeigenvertrieb: KV Kommunalverlag GmbH & Co. KG, Alte Landstraße 23, 85521 Ottobrunn, Tel. 089 928096-0, info@kommunal-verlag.de
Kontakt: Osnabrücker Str. 79, 33649 Bielefeld, info@reise-know-how.de

Bildnachweis

Umschlagvorderseite: Österreich Werbung/Diejun | Umschlagklappe rechts: Markus Wache
Soweit ihre Namen nicht vollständig am Bild vermerkt sind, stehen die Kürzel an den Abbildungen für die folgenden Fotografen, Firmen und Einrichtungen. Daniel Krasa: dk | Markus Wache: mw | fotolia.com: fo

CITYATLAS

007wi Abb.: mw

Detailkarte I: Grinzing

1 cm = 280 m
0 600 m

Detailkarte II: Schönbrunn

1 cm = 150 m
0 400 m

Josefstadt
Neubau
Hernalser Hauptstr.
Kinderspitalgasse
Alser Str.
Universitätscampus
Frankhplatz
Landesgericht
Ottakringer Str.
Hernalser Gürtel
Laudongasse
Mus. für Volkskunde
Schönbornpark
Josefstädter Str.
JOSEFSTÄDTER STR.
RATHAUS
J.M. Hauer-Platz
Maria-Treu-G.
Jodok-Fink-Platz
Pfeilgasse
Josefsgasse
Auerspergstr.
Lerchenfelder Str.
Roter Hof
Neustiftgasse
Burggasse
BURGGASSE-STADTHALLE
St. Ulrichs-Platz
Kandlgasse
Siebensterngasse
Westbahnstr.
Seldengasse
Mondscheingasse
Lindengasse
Richtergasse
NEUBAUGASSE
Bundesländerplatz
Möbel-Museum
Mariahilfer Str.
ZIEGLERGASSE
Westbahnhof
WESTBAHNHOF
Europaplatz
Sophienspital
Felberstr.
Neubaugürtel
Mariahilfer Gürtel
Loquaiplatz
Oskar-Werner-Platz
Linke Wienzeile
Rechte Wienzeile
Stephansdom
Schloss Belvedere
Donau
5
6
7
8
D
E
146
148

1 cm = 150 m
0 400 m

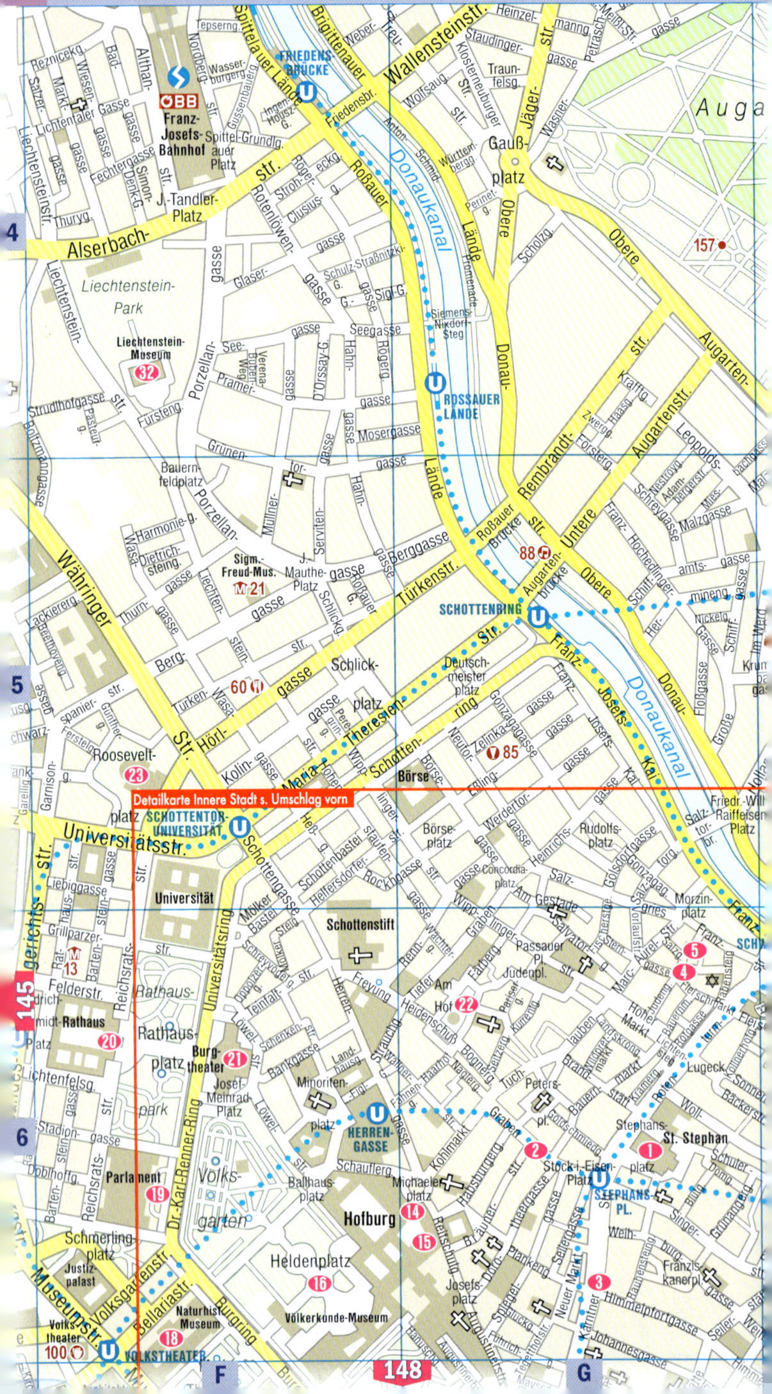

Stephansdom
Schloss Belvedere
Frachtenbahnhof Nordwestbahnhof
Nordbahnstr.
Taborstr.
Am Tabor
Porzellanmanufaktur
Wiener Sängerknaben
Volkertplatz
Lassallestr.
Venediger Au
Praterstern
ÖBB
Ausstellungsstr.
Taborstr.
Nestroyplatz
Praterstr.
Franzensbrückenstr.
Volksprater
Karmeliterplatz
Krankenhs. d. barmh. Brüder
Donaukanal
Untere Donaustr.
Obere Donaustr.
Schwedenplatz
Urania
Uraniastr.
Radetzkyplatz
Finanzlandesdirektion
Regierungsgebäude
Oskar-Kokoschka-Platz
Landstr. Wien Mitte
Stubentor
Stadtpark
St. Othmar
Kolonitzplatz
Hundertwasserhaus
Weißgerberlände
Marxergasse
Landstr. Hauptstr.
Schüttelstr.
Kegelgasse
Löwengasse
Parkring
Stubenring
H
I
4
5
6
150
24
18
90
25
26
6
7
8
1
177
56

1 cm = 150 m
0 — 400 m

147
Detailkarte Innere Stadt s. Umschlag vorn
Stadtpark
STADTPARK
Heumarkt
Am Heumarkt
Johannesgasse
Lothringer str.
Beethovenplatz
Konzert-
Rudolf-Sallinger-Platz
Universität für Musik u. darstellende Kunst
Anton-von-Webern-Platz
Landstraße
Landstraßer Hauptstr.
ROCHUS GASSE
151
Erdberg-str.
Rochusgasse
Sechs-
Hintzer-str.
Sebastian-platz
Ziehrer-platz
Neulinggasse
168
Streicher-g.
Dapontegasse
Arenbergpark
Contemporary Art Tower
Russ. Kirche
Barichgasse
Juchgasse
Ungargasse
Krankenhaus Rudolfsstiftung
Rennweg
Schützengasse
Klimschgasse
Palais Schwarzenberg
Unteres Belvedere
Salesianerkloster
Schwarzenberggarten
Belvederegarten
Oberes Belvedere
27
14
15
Botanischer Garten der Universität
Aspangstr.
Obere Bahngasse
Jos.-Schmidt-Platz
Platz der Opfer der Deportation
Eugen-Str.
Alpengarten
Mohsgasse
Trubelgasse
Arsenalweg
Landstraßer Gürtel
Schweizer Garten
ÖBB
Hauptbahnhof
Südtiroler Platz
Arsenal-str.
Kelsen-str.
Heeresgeschichtliches Museum
Ghega-
Hintere Südbahnstr.
Wiedner Gürtel
Stephansdom
Schloss Belvedere
Donau
H
I
7
8
9

Liste der Karteneinträge

Der Graben 2, *1905*

Hier nicht aufgeführte Nummern liegen außerhalb der abgebildeten Karten. Ihre Lage kann aber wie die von allen Ortsmarken im Buch mithilfe der Web-App angezeigt werden (s. S. 156).

Zeichenerklärung

- Hauptsehenswürdigkeit, fortlaufend nummeriert
- [L6] Verweis auf Planquadrat im Cityatlas und Faltplan
- Arzt, Apotheke, Krankenhaus
- Bahnhof
- Bar, Klub
- Bibliothek
- Biergarten, Kneipe
- Café, Eiscafé
- Denkmal
- Geschäft, Kaufhaus, Markt
- Heuriger, Weinlokal
- Hotel, Unterkunft
- Imbiss
- Informationsstelle
- Internetcafé
- Jugendherberge, Hostel
- Kirche
- Lokalbahn Wien – Baden
- Museum
- Musikszene, Disco
- Parkplatz
- Pension, Bed and Breakfast
- Polizei
- Postamt
- Restaurant
- S-Bahn-Station
- Sehenswürdigkeit
- Sonstiges
- Sporteinrichtung
- Synagoge
- Theater
- U-Bahn-Station

- Stadtspaziergänge (s. S. 13, S. 18, S. 21 und S. 23)

- Shoppingareale
- Gastro- und Nightlife-Areale

SCHNELLVERBINDUNGEN IN WIEN

www.wienerlinien.at

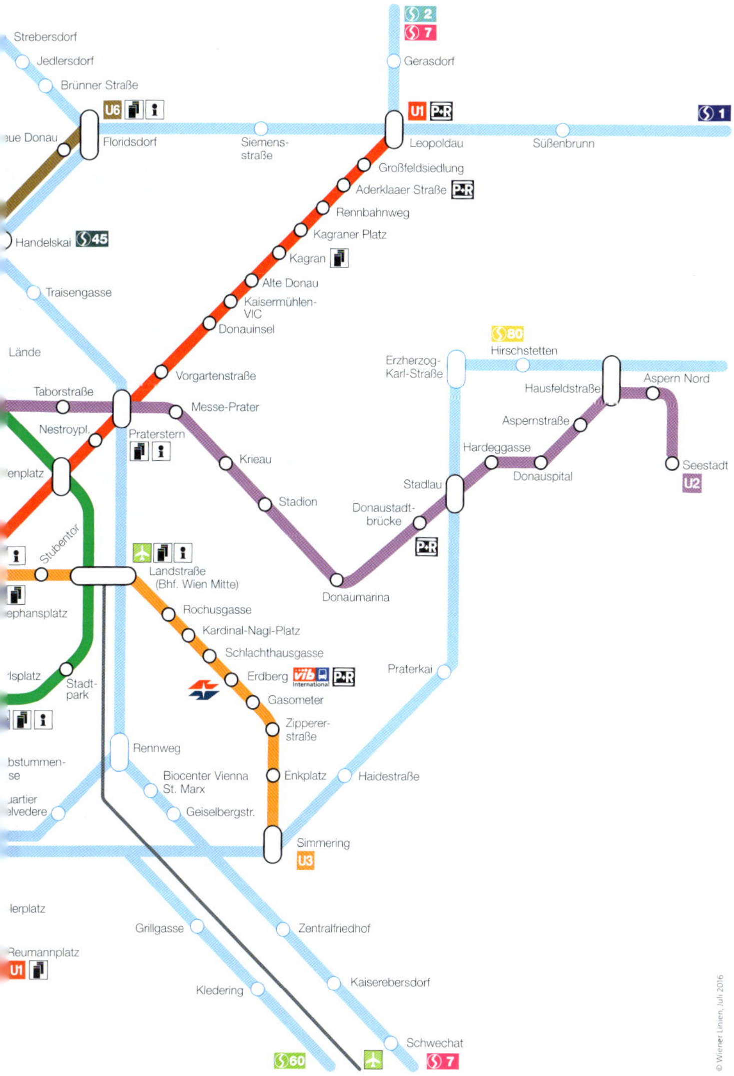
S 2
S 7
Gerasdorf
Strebersdorf
Jedlersdorf
Brünner Straße
U6
ue Donau
Floridsdorf
Siemens-
straße
U1 P+R
Leopoldau
S 1
Süßenbrunn
Großfeldsiedlung
Aderklaaer Straße P+R
Rennbahnweg
Kagraner Platz
Kagran
Alte Donau
Kaisermühlen-
VIC
Donauinsel
Handelskai S 45
Traisengasse
Lände
Vorgartenstraße
Taborstraße
Messe-Prater
Nestroypl.
Praterstern
Krieau
enplatz
Stadion
S 80
Hirschstetten
Erzherzog-
Karl-Straße
Hausfeldstraße
Aspern Nord
Aspernstraße
Hardeggasse
Donauspital
Seestadt
U2
Stadlau
Donaustadt-
brücke
P+R
Donaumarina
Stubentor
Landstraße
(Bhf. Wien Mitte)
ephansplatz
Rochusgasse
Kardinal-Nagl-Platz
Schlachthausgasse
Erdberg
vib International
P+R
Praterkai
Gasometer
lsplatz
Stadt-
park
Zipperer-
straße
Rennweg
bstummen-
se
Biocenter Vienna
St. Marx
Enkplatz
Haidestraße
uartier
elvedere
Geiselbergstr.
Simmering
U3
lerplatz
Grillgasse
Zentralfriedhof
Reumannplatz
U1
Kledering
Kaiserebersdorf
Schwechat
S 60
S 7
© Wiener Linien, Juli 2016

Wien mit PC, Smartphone & Co.

QR-Code auf dem Umschlag scannen oder **www.reise-know-how.de/citytrip/wien17** eingeben und die **kostenlose Web-App** aufrufen (Internetverbindung zur Nutzung nötig)!

★ **Anzeige der Lage und Satellitenansicht aller** beschriebenen Sehenswürdigkeiten und touristisch wichtigen Orte
★ **Routenführung** vom aktuellen Standort zum gewünschten Ziel
★ **Exakter Verlauf** der empfohlenen Stadtspaziergänge
★ **Audiotrainer** der wichtigsten Wörter und Redewendungen
★ **Updates** nach Redaktionsschluss

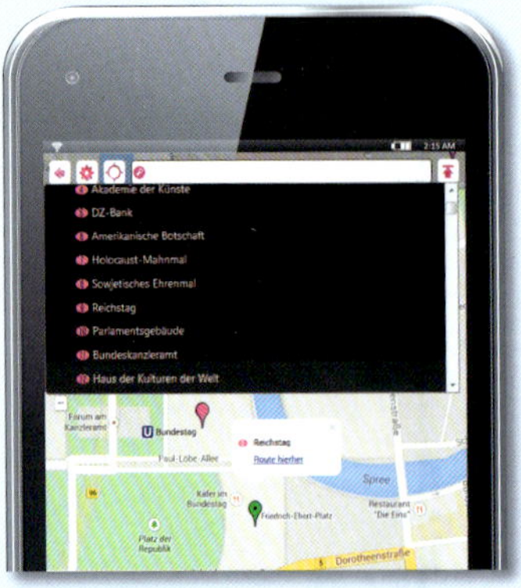

GPS-Daten zum Download

Die KML-Daten aller Ortsmarken können hier geladen werden: www.reise-know-how.de, dann das Buch aufrufen und zur Rubrik „Datenservice" scrollen.

Stadtplan für mobile Geräte

Um den Stadtplan auf Smartphones und Tablets nutzen zu können, empfehlen wir die App „Avenza Maps" der Firma Avenza™. Der Stadtplan wird aus der App heraus geladen und kann dann mit vielen Zusatzfunktionen genutzt werden.

Unsere App-Empfehlungen zu Wien

› **The Vienna Project:** Mit dieser App erlebt man 38 Orte der Erinnerung an die Opfer des Nationalsozialismus und ihre Geschichte. Auf Deutsch und Englisch (kostenlos für Android und iOS).
› **Kultur;App:** Reichlich Informationen zu Konzerten und Aufführungen bzw. Ausstellungen der Bundestheater und -museen sowie von ausgesuchten Wiener Theatern. Auf Deutsch (kostenlos für Android und iOS).
› **Freewave WLan Finder:** (Fast) immer online ist mit der App ein Leichtes. Man findet umgehend alle Freewave-WLAN-Hotspots in Wien. Auf Deutsch und Englisch (kostenlos für iOS).
› **qando:** Die App des öffentlichen Nahverkehrs. Auf Deutsch und Englisch (kostenlos für Android und iOS).

Die Web-App und der Zugriff auf diese über QR-Codes sind eine freiwillige, kostenlose Zusatzleistung des Verlages. Der Verlag behält sich vor, die Bereitstellung des Angebotes und die Möglichkeit der Nutzung zeitlich und inhaltlich zu beschränken. Der Verlag übernimmt keine Garantie für das Funktionieren der Seiten und keine Haftung für Schäden, die aus dem Gebrauch der Seiten resultieren. Es besteht ferner kein Anspruch auf eine unbefristete Bereitstellung der Seiten.